KB069624

82가지 **질문으로 배우는**

상담 법령 이야기

김윤희 · 곽윤경 · 공영숙 · 서수균 · 홍재봉 공저

학지사

"서윤이는 잘 있나요?"

수화기 너머 둘째 아이의 안부를 묻는 이 질문에 순간적으로 소름이 돋았다. 왜냐하면 이 질문은 어느 날 나의 내담자가 나를 위협하는 상황에서 던진 질문이었기 때문이다. 경계선적 성격장애였던 내담자는 어느 순간 상담사가 자신을 버렸다고 지각하고 돌변하였다. 이후 어떤 방법을 썼는지는 모르겠지만 내 가족의 이름, 주소, 심지어 전화번호까지 알아내었다. 내가 돌보고 아끼는 내담자가 나와 내 가족을 위협하는 상황은 적지 않게 충격이었다. 상담사는 내담자를 위해서 최선의 노력을 다하도록 훈련을 받는 반면, 내담자로부터 자신을 보호하는 방법에 대해서는 잘 알지 못한다. 이것이 이 책을 기획하게 된 첫 번째 이유이다.

지역사회 기반 상담은 빠른 속도로 확대되고 있다. 이제 상담은 민간상담센터와 대학장면, 사기업, 병원, 청소년상담복지센터, 사회복지시설, 병영, 아동보호전문기관뿐만 아니라 소년원, 법무부 등 주요 정부부처에서도 이루어지고 있다. '상담'이라고 하면 예전에는 제품상담, A/S상담 정도를 떠올렸으나, 이제는 많은 이가 "아하~ 심리상담."이라며 고개를 끄덕인다. 지역사회 기반 상담은 정형화된 상담과 그 요구가 상이하다. 흔히 상담의 구조라고 불리는 주 1회 40~50분 동안 상담실에서 이루어지는 형태가 지역사회 기반 상담에서는 가능하지도 않고 효율적이지도 않다. 일례로, 학대 행위자와 피해아동을 상담하는 홈케어플래너사업 상담사는 상담실이 아닌 가정에 방문하여 상담한다. 상담의 장소만 다른 것이 아니다. 이들은 학대의 위험요인인 가족의 문제를 해결하고 아동의 다친 마음을 회복시키는 일에 더해 재학대가 일어나지 않는지 확인하는 모니터링도 병행해야 한다.

　지역사회 기반 상담을 진행하는 상담사는 전통적으로 학교에서 배웠던 상담의 틀을 벗어난 상담을 하게 된다. 이 과정에서 유관체계의 주요 관계자(예: 사례관리사, 경찰관, 사회복지공무원 등)와의 협의와 이해는 매우 중요하다. 각 관계자와 상담사의 소통은 대상자와 그 가족을 위해서 중요한 치료적 전환점을 만들어 내곤 한다. 각 체계는 나름의 법령, 규정, 관행에 기반하여 운영되고 있다. 그런데 각 체계를 떠받치는 규정과 지침을 이해하지 못하면 이는 자칫 관계자들 간의 불통과 불협화음으로 이어질 수 있다. 이 책을 기획하게 된 두 번째 이유가 여기에 있다.

　어느 곳에나 자신이 하는 일의 형식적인 측면을 넘어서 일의 본질을 구현하고자 하는 현장전문가가 많다. 경찰서 여성청소년계의 팀장으로서 다양한 사건을 다룬 경험이 있는 홍재봉 경위와 아동학대 분야의 베테랑인 사회복지공무원 공영숙 팀장, 환자에 대한 따뜻한 시선과 이해를 견지한 정신간호학 곽윤경 교수가 그러한 분들이다. 나는 이분들에게 자문을 받아 어려운 사례를 해결해 가면서 삶의 문제를 해결하는 데 있어 내가 알고 있는 것이 전부가 아니라는 것을 겸허하게 배울 수 있었다. 우리는 각자는 자신의 분야에서 최선을 다할 수는 있지만 모든 것을 잘할 수는 없다. 우리는 절망적인 내담자를 돕기 위해 서로가 필요하다. 누구도 도울 수 없을 것같이 보이는 난공불락의 문제라 하더라도 모두가 협력하여 지혜를 모을 때 숨구멍이 트이고, 그 숨구멍을 통해서 더 나은 기회가 열릴 수 있다. 이것이 이 책을 집필한 세 번째이자 이 책을 관통하고 있는 가장 근본적인 이유이다. 우리 모두 함께하면 내담자의 불행한 삶에 희망을 자아낼 수 있다.

　제1부 '상담사 윤리'는 서수균 교수와 대표 저자가 담당하였다. 제2부 '법과 상담'은 홍재봉 경위가, 제3부인 '아동학대와 상담'은 공영숙 팀장이 맡았다. 마지막으로, 제4부 '정신의료와 상담'은 곽윤경 교수가 맡았다. 책 속의 질문에 대한 답을 시작으로 사법, 의료, 복지 등의 인접 분야와 협력하면서 발생할 수 있는 다양한 물음에 대한 답변을 확대하고자 한다.

　82가지 질문을 어디서 찾았는지 독자들이 궁금해하실지도 모르겠다. 저자는 부산시청소년상담복지센터 동반자 선생님들 그리고 신라대학교와 부산대학교에서 상담을 배우고 계시는 석사ㆍ박사 과정 상담사들에게 현장에서 경험한 궁금증을 물었다. 좋은 질문을 내어 주신 여러 선생님께 이 자리를 빌려 깊이 감사 인사를 드린다. 이 책의 출판을 맡아 주신 학지사의 김진환 사장님과 멀리 부산까지 오셔서 좋은 책을 쓰자고 자주 격려해 주신 푸근한 영업부 김은석 이사님, 그리고 이 책의 첫 번째 독자가 되어 주시고 재미있고 유익한 책이라고 격려해 주신 편집부 조은별 선생님에게 감사드린다.

어떤 기자가 달라이 라마에게 질문했다. "종교 지도자로서 당신은 분열되어 다투는 종교에 대해서 어떻게 생각하십니까?" 달라이 라마는 답했다. "한 송이의 꽃보다 한 다발의 꽃이 훨씬 아름답지 않습니까?" 상담사들이 인접 분야와 기꺼이 협력하고 여러 가지 난제를 해결해 가는 데 있어, 이 책이 한 송이의 장미꽃이 아닌 한 다발의 꽃에 담긴 지혜로 눈을 돌릴 수 있는 기회가 되기를 소망한다.

2022년 1월

대표 저자 김윤희

차례

■ 머리말 _ 3

제1부 상담사 윤리

01 비밀보장의 한계 · 16

02 사전 동의, 상담사 보호, 법원 진술, 기록 열람 · 38

제2부 법과 상담

제3부 아동학대와 상담

12 아동학대 판단 · 182

제4부 정신의료와 상담

13 정신장애와 의료서비스 접근 · 202

14 정신약물치료 · 220

제1부

상담사 윤리

01 · 비밀보장의 한계

질문 1　보호자에 대한 고지를 거부하는 자살 위기 내담자 보호　상담 중 내담자가 죽고 싶은 강한 충동을 호소하며 실제로 경미한 자살 시도까지 하였다고 이야기하였습니다. 이에 상담사는 이러한 상황을 보호자에게 알려야 하니 내담자에게 보호자의 전화번호를 달라고 말했습니다. 그런데 내담자는 이러한 사실을 보호자에게 이야기하면 더 이상 상담을 받지 않겠다고 합니다. 현재 내담자에게는 상담이 유일한 의지처입니다. 상담마저 받지 않는다면 내담자는 고립된 상황에서 다시 자살 시도를 할지도 모릅니다. 이런 경우 어떻게 해야 할까요? 고지의 의무를 이행하여 내담자를 보호하는 것이 우선일까요? 아니면 상담관계를 지속하며 자살 위기관리를 위해 노력하는 것이 우선일까요?

답변　내담자의 생명을 보호하기 위해서 보호자에게 고지하고 효과적인 보호책을 강구할 필요가 있습니다.

　내담자의 자살 위험성이 명백할 때 상담사가 고지의 의무를 포함한 합당한 조치를 취하지 않아 불미스러운 사고가 발생하면, 윤리강령 위반으로 학회로부터 징계를 받거나, 민사적인 배상 책임을 질 수 있으며, 소속기관의 규정과 지침에 따라 징계를 받게 될 가능성 또한 있습니다.

내담자가 자살 의사를 밝혀 보호자에게 이를 알려야 함에도 내담자가 이를 거부하고 더 나아가서 상담관계를 파기하겠다고 선언하였다면 상담사로서 크게 당황할 수 있습니다. 이때 상담사는 무엇보다 자해 및 타해의 위험을 고지해야 하는 이유가 무엇인지 생각해 볼 필요가 있습니다. 상담사가 비밀보장 의무를 파기하고 내담자의 자살계획을 보호자에게 고지하는 것은 내담자의 생명을 보호해야 하는 상담사의 최우선 책무가 비밀보장 의무를 넘어선다고 판단하기 때문입니다. 상담사가 수행하는 심리상담은 일반적으로 24시간 내담자를 감독하며 위험성을 관리할 수 있는 직무가 아닙니다. 자살 위험이 명백하다면 내담자의 생명을 보호하기 위한 조치보다 더 중요한 일은 없을 것입니다. 내담자 보호가 효과적으로 이루어질 수 있도록 보호의 법적 책임을 가진 보호자에게 이를 알리고, 보호자와 함께 내담자를 가장 효과적으로 보호할 수 있는 집중치료시설(즉, 폐쇄병동을 갖춘 종합병원)에 연계하는 것이 매우 중요합니다. 그 어떤 상담관계나 상담목표도 내담자의 생명에 위해가 발생해도 좋을 만큼 중요한 것은 없지 않을까 합니다. 다만, 내담자의 보호가 효과적으로 이루어질 수 있도록 전략적으로 접근하는 것은 매우 중요한 일입니다.

아울러 상담사 중에는 긍정적인 상담관계가 지속되면 내담자의 자살 충동을 막을 수 있을 것이라고 오인하여 고지의 의무를 적절히 이행하지 않는 경우가 있습니다. 하지만 많은 경우 일반적인 상담은 자살 시도를 막을 수 있는 효과적인 방편이 아닙니다. 앞서 말했듯 일주일에 1~2회 만나는 상담은 자살 위기를 관리할 수 있는 최선의 접근이 아니기 때문에 이러한 위기를 효과적으로 막을 수 있는 방법을 보호자와 함께 모색하는 것이 전문적인 자세라 할 수 있습니다.

최근 자해 및 타해의 위험이 높은 내담자들이 증가함에 따라 이러한 유사 사례가 많이 보고되고 있습니다. 이런 경우를 대비하여 내담자를 처음 접수면접할 때 선제적으로 위기 상황에 대해 구조화한 서면 동의서를 받는 것이 좋습니다. 서면 동의서의 내용에 '자해 및 타해의 위험이 발생할 시 상담사는 내담자의 보호자 및 핵심 관계자에게 위험성을 고지할 수 있다.'를 포함시킵니다. 아울러 보호자의 연락처도 이때 내담자가 기재할 수 있도록 항목을 포함할 것을 권유합니다. 동의서에 서명을 한 후 상담을 시작하였다면 이미 고지의 의무에 대한 서면 계약이 이루어졌으므로 향후 자해/타해의 위험이 발생하였을 때 내담자에게 추가 동의를 구할 필요는 없습니다. 만일 이런 조치를 취하지 않는다면 자살 위기가 발생할 때, 급박하게 내담자에게 고지의 의무에 대해서 설명하고 허락을 구해야 하는 난감한 상황에 처할 수 있습니다.

한편, 서면으로 미리 동의를 받은 경우라도 실제로 자살 위기가 발생하면 내담자에게 이 상황을 보호자에게 알릴 것이라는 점을 이야기하는 것이 좋습니다. 많은 내담자가 보호자에게 자살 위험성이 알려질 때 뒤따르게 될 결과에 대해서 염려하므로 상담사는 이를 적극적으로 경청하고 다루어 주어야 합니다. 하지만 이때 내

담자에게 고지를 해도 되는지 허락을 구하는 듯한 인상을 주어서
는 곤란합니다. 보호자에게 위험 상황을 알리는 것이 내담자의 보
호에 불가피한 최선이라는 결정을 상담사가 내렸다면, 그것은 상
담사가 전문가로서 책임을 지는 선택을 한 것입니다. 상담사의 신
중하고 책임 있는 선택에 대해서 내담자가 당장은 반발하더라도
언젠가는 상담사의 진심을 이해하고 상담사를 좋은 '대상'으로 내
면화할 것입니다. 자살 위험성이 명백한 상황에서 상담사가 자꾸
내담자에게 고지에 대한 허락을 구하는 일은 자칫 심리적으로 벼
랑 끝에 내몰린 내담자를 더욱 불안하게 할 수 있습니다.

질문 2 　비영리적인 목적으로 내담자 정보 사용 가능 여부　상담사
는 내담자의 이야기를 어디까지 비밀보장해야 하나
요? 가령 상담사가 대학에서 강의하는 중에 내담자의 이야기
를 각색해서 이야기하는 것은 괜찮을까요?

답변　사전 동의 시 강의, 저술, 자문 등의 교육적 활동에서 제한적으로
공개가 가능합니다.

　미리 동의를 구하는 경우 상담사가 상담 외에 수행하는 전문적
인 강의, 저술, 자문 등에서 교육적이고 비영리적인 목적으로 내담
자의 이야기를 공개할 수 있습니다. 이 경우에도 내담자의 익명성
이 보장되도록 자료의 변형, 신상 정보 삭제와 같은 조치를 취해야
합니다.

　내담자의 사적인 정보와 비밀은 존중되어야 합니다. 그러나 상
담사가 상담 외에 수행하는 전문적인 강의, 저술, 자문 등에서 교육
적이고 비영리적인 목적으로 내담자의 이야기를 하는 일이 발생할
수 있습니다. 이 경우 내담자의 신원 확인이 가능한 정보는 일절 공
개해서는 안 됩니다. 또한 상담 계약서상에 정보 공개가 이루어질
수 있는 경우(즉, 강의, 저술, 자문, 사례회의 등)와 조건(신원 확인이 불
가능한 방식으로 정보를 변경함)을 명기하여 내담자에게 사전 동의를
받을 것을 권유합니다.

관련 조항

「한국상담심리학회 상담심리사 윤리강령」 5. 마. (1)

마. 상담 외 목적을 위한 내담자 정보의 사용

(1) 교육이나 연구 또는 출판을 목적으로 상담관계로부터 얻어진 자료를 사용할 때에는 내담자의 동의를 구해야 하며, 각 개인의 익명성이 보장되도록 자료 변형 및 신상 정보의 삭제와 같은 적절한 조치를 취하여 내담자에게 피해를 주지 않도록 한다.

「한국상담학회 윤리강령」 제2장. 제6조. ③

제6조(상담기록)

③ 상담자는 상담내용의 사례지도나 발표, 혹은 출판 시 내담자의 동의를 구한다.

질문 3 　유관기관으로부터 의뢰된 사례의 정보 공유　저는 아동보호전문기관에서 학대 피해자 상담사례를 의뢰받아 진행하고 있습니다. 사례와 관련하여 아동보호전문기관의 사례관리사가 자세한 상담일지를 요청합니다. 이와 같이 상담의뢰기관에서 내담자의 상담 진행상황과 상담의 효과에 대해 알고 싶어 상담기록 전체나 회기보고서를 요청하는 경우, 이에 어느 정도까지 응해야 하는 것일까요?

답변 　다학제팀이 접근하는 상담사례의 경우 내담자의 정보가 팀 내에서 공유될 수 있습니다.

상담의뢰기관에서 사례관리 차원으로 자세한 상담기록, 상담의 효과, 진행상황을 공유하고자 할 때 상담사는 일반적으로 이에 응해야 합니다. 상담심리학회 윤리강령에 따르면 다학제팀 간에 정보 공유는 비밀보장의 규약에서 예외가 될 수 있다고 규정하고 있습니다. 단, 여러 전문가로 구성된 팀이 개입하는 상담의 경우 상담사는 팀의 존재와 구성을 내담자에게 미리 알려야 합니다. 미국심리학회 윤리강령에서는 이를 좀 더 자세히 규정하고 있습니다. 다학제팀이 개입하는 상담의 경우 내담자에게 팀의 존재, 구성방식, 공유되는 정보의 종류, 공유의 목적을 미리 알리라고 되어 있습니다. 이와 같은 경우는 비밀보장의 규약을 넘어서 내담자의 정보를 관계자에게 공개할 수 있습니다.

관련 조항

「한국상담심리학회 상담심리사 윤리강령」 5. 다. (5)

다. 비밀보호의 한계

(5) 여러 전문가로 구성된 팀이 개입하는 상담의 경우, 상담심리사는 팀의 존재
와 구성을 내담자에게 알린다.

「한국상담학회 윤리강령」 제2장. 제7조. ②

제7조(비밀보장의 한계)

② 상담사는 만약 내담자에 대한 상담이 여러 전문가로 구성된 집단에 의한 지
속적인 관찰을 포함하고 있다면, 그러한 집단의 존재와 구성을 내담자에게 알릴
의무가 있다.

질문 4 　내담자 범죄 사실에 대한 비밀보장　상담과정에서 내담자가 몰래카메라를 찍고 있다는 것을 솔직하게 털어놨을 때, 상담사는 비밀보장 의무에 중점을 두어야 하나요? 아니면 관할서에 신고하여 범죄 정황에 대한 수사를 도와야 하나요?

답변　몰래카메라 촬영이 타인의 안전을 해치는 행동이면 이는 상담사 윤리강령에 따라 비밀보장 의무의 예외에 해당됩니다. 하지만 상담사가 관할서에 신고할 의무가 있는 것은 아닙니다.

상담사는 내담자의 사생활을 보호하고 비밀보장에 대한 내담자의 권리를 최대한 존중할 의무가 있습니다. 문제는 질문의 사례에서처럼 전문가로서의 윤리적 의무와 사회공동체의 일원으로서 지켜야 하는 의무 간의 충돌이 있을 때입니다. 상담 관련 다양한 학회의 윤리강령에는 내담자의 비밀보장에 대한 권리가 제한받는 여러 상황을 명시하고 있습니다. 이 사례와 직접 관련된 윤리강령의 조항은 "내담자의 생명이나 타인 및 사회의 안전을 위협하는 경우, 내담자의 동의 없이도 내담자에 대한 정보를 관련 전문인이나 사회에 알릴 수 있다「한국상담심리학회 윤리강령」 5. 다. (1)]."입니다. 몰래카메라를 찍는 행위가 '타인의 안전을 위협하는 행위'에 해당된다면, 상담사는 내담자의 동의 없이 관계기관에 내담자의 몰래카메라 촬영 사실을 신고할 수 있습니다. 촬영물이 피해자의 신원을 확인할 수 있도록 촬영되었다면 그 영상물이 온라인 매체를 통해 공개되었을 때 촬영된 피해자가 입을 심리사회적 피해는 심각할 수 있습니다. 이 경우는 몰래카메라 촬영이 타인의 안전을 위협하는 행위라고 관계자들이 합의하는 데 무리가 없을 것입니다. 하지만 촬영물이 피해자의 신원을 확인할 수 없도록 촬영된 것이라면, 몰래카메라 촬영이 범죄행위이긴 하지만 촬영된 불특정인이 입을 피해는 확인되기 어려운 잠재적인 위협에 그칠 수도 있어 이 문제는 좀 더 복잡해질 수 있습니다. 상담사가 전문가로서 내담자의 비밀보장에 대한 권리를 존중할 의무가 있으며, 내담자의 존엄성을 존중하고 복지를 증진시킬 책임이 우선적으로 있음을 충분히 감안해서 신중히 판단해야 합니다("상담사의 최우선적 책임은 내담자의 존엄성을 존중하고 내담자의 복지를 증진시키는 것이다."「한국상담학회 윤리강령」제8조 1항). 법적으로 신고의무가 있는 경우(예: 아동학대, 미성년자 성폭력)가 아니라면, 상담사가 내담자의 과거 범죄 사실을 상담 중에 알게 되었더라도 이를 신고할 의무가 반드시 있는 것은 아닙니다. 현재 한국의「아동복지법」이나「성폭력방지 및 피해자 보호에 관한 법률」에 따르면, 일반적으로 아동학대나 미성년자 성폭력 피해 사실을 알게 된 상담사는 신고의무가 있습니다.

　상담사는 상담을 시작하기 전에 비밀보장에 대한 내담자의 권리와 비밀보장이 지켜지지 못하는 경우들에 대해서 충분히 설명해야 합니다. 이렇게 함으로써 내담자는 상담에서 꺼내 놓을 수 있는 사생활을 미리 선택할 수 있습니다. 사전에 비밀보장의 한계를 설명하지 않은 상황에서 비밀보장을 지키기 어려운 얘기를 내담자가 털어 놓게 될 경우가 발생할 수 있습니다. 내담자와 타인 혹은 사회의 안전을 지키는 것이 우선임을 고려해 볼 때, 상담사는 비밀보장의 한계를 미리 얘기하지 않았더라도 관계기관이나 보호자에게 위험 사실을 알리는 것이 필요합니다. 상담에서 내담자가 털어놓는 얘기 중 비밀이 지켜지기 어려운 경우에 대해서 상담사가 내담자에게 충분히 숙지시키고 내담자가 이에 자발적으로 동의하고 상담을 시작한다는 것을 문서화해서 남겨 놓는 것이 좋습니다.

관련 조항

「한국상담심리학회 상담심리사 윤리강령」 5. 다.

1. 내담자의 생명이나 타인 및 사회의 안전을 위협하는 경우, 내담자의 동의 없이도 내담자에 대한 정보를 관련 전문인이나 사회에 알릴 수 있다.
2. 내담자가 감염성이 있는 치명적인 질병이 있다는 확실한 정보를 가졌을 때, 상담심리사는, 그 질병에 위험한 수준으로 노출되어 있는 제삼자(내담자와 관계 맺고 있는)에게 그러한 정보를 공개할 수 있다. 상담심리사는 제삼자에게 이러한 정보를 공개하기 전에, 내담자가 자신의 질병에 대해서 그 사람에게 알렸는지, 아니면 스스로 알릴 의도가 있는지를 확인한다.
3. 법원이 내담자의 동의 없이 상담심리사에게 상담관련 정보를 요구할 경우, 상담심리사는 내담자의 권익이 침해되지 않도록 법원과 조율하여야 한다.
4. 상담심리사는 내담자 정보를 공개할 경우, 정보 공개 사실을 내담자에게 알려야 한다. 정보 공개가 불가피할 경우라도 최소한의 정보만을 공개한다.
5. 여러 전문가로 구성된 팀이 개입하는 상담의 경우, 상담심리사는 팀의 존재와 구성을 내담자에게 알린다.
6. 비밀보호의 예외 및 한계에 관한 타당성이 의심될 때에 상담심리사는 동료 전문가 및 학회의 자문을 구한다.

「한국상담학회 윤리강령」 제2장 제7조

① 상담사는 아래와 같은 내담자 개인 및 사회에 임박한 위험이 있다고 판단될 때 내담자에 관한 정보를 사회 당국 및 관련 당사자에게 제공해야 한다.

1. 내담자가 자신이나 타인의 생명 혹은 사회의 안전을 위협하는 경우
2. 내담자가 감염성이 있는 치명적인 질병이 있다는 확실한 정보를 가졌을 경우
3. 미성년인 내담자가 학대를 당하고 있는 경우
4. 내담자가 아동학대를 하는 경우
5. 법적으로 정보의 공개가 요구되는 경우

「청소년상담사 윤리강령」 마. 4.

가) 청소년상담사는 상담 시 비밀보장의 1차적 의무를 내담자의 보호에 두지만 비밀보장의 한계가 있는 경우 청소년의 부모(보호자) 및 관계기관에 공개할 수 있다.

나) 비밀보장의 한계가 있는 경우는 다음과 같다.

  1) 청소년상담사는 내담자의 생명이나 사회의 안전을 위협하는 경우 비밀을 공개하여 그러한 위험의 목표가 되는 사람을 보호하기 위한 합당한 조치 등 안전을 확보한다.

  2) 청소년상담사는 법적으로 정보의 공개가 요구되는 경우 내담자에게 그 사실을 알리고 최소한의 정보만을 제공한다.

  3) 청소년상담사는 내담자에게 감염성이 있는 치명적인 질병이 있을 경우 관련 기관에 신고하고, 그 질병에 노출되어 있는 제3자에게 정보를 공개할 수 있다.

다) 청소년상담사는 아동학대, 청소년 성범죄, 성매매, 학교폭력, 노동관계 법령 위반 등 관련 법령에 의해 신고의무자로 규정된 경우 해당 기관에 관련 사실을 신고해야 한다.

질문 5　**청소년 내담자의 일탈행동에 대한 비밀보장**　미성년인 아이가 상담 중에 원조교제 혹은 본드 흡입 등의 내용을 이야기하였습니다. 이에 대해 아이는 꼭 비밀보장을 해 달라고 요구합니다. 상담사가 부모에게 이 사실을 고지하지 않을 경우 법적으로 문제가 되나요?

답변　청소년 내담자의 안전을 확보하는 것이 비밀보장의 원칙보다 우선이기 때문에 보호자에게 이 사실을 알려야 합니다. 만약 보호자에게 알리지 않은 상태에서 청소년이 심각한 피해를 입었을 경우에는 청소년의 보호자가 상담사를 대상으로 소송을 할 수도 있습니다.

　미성년인 청소년이라 하더라도 내담자의 비밀보장에 대한 권리는 성인 내담자와 상담할 때처럼 존중되어야 합니다. 이 사례에서처럼 미성년자인 청소년이 원조교제나 본드 흡입을 하고 있다는 사실을 상담사가 알았을 경우와 직접 관련된 상담사 윤리강령은 다음 두 가지입니다. 1) 청소년상담사는 내담자의 생명이나 사회의 안전을 위협하는 경우 비밀을 공개하여 그러한 위험의 목표가 되는 사람을 보호하기 위한 합당한 조치 등 안전을 확보한다[「청소년 상담사 윤리강령」 마. 4. 나). 1)]. 2) 청소년상담사는 아동학대, 청소년 성범죄, 성매매, 학교폭력, 노동관계 법령 위반 등 관련 법령에 의해 신고의무자로 규정된 경우 해당 기관에 관련 사실을 신고해야 한다[청소년상담사 윤리강령 마. 4. 다)]. 원조교제와 본드 흡입 모두 청소년의 안전을 심각히 위협할 수 있는 경우에 해당되기 때문에, 미성년 청소년이 상담내용에 대한 비밀을 보장받을 권리나 상담관계 유지보다 청소년의 안전을 확보하는 것이 우선입니다.

성범죄 신고의무제도란 아동·청소년 관련 기관이나 시설의 단체장과 그 종사자는 직무상 아동·청소년 대상 성범죄의 발생 사실을 알게 되었을 때, 즉시 그 사실을 수사기관에 신고하여야 한다는 것을 법률로 제정한 제도입니다. 원조교제는 미성년자가 성범죄 피해자로 규정되어 있기 때문에 상담사는 미성년자의 원조교제 사실을 알게 된 즉시 수사기관에 신고해야 합니다. 원조교제가 미성년자 성범죄에 해당되고, 상담사가 이 사실을 알게 된 즉시 내담자의 동의 없이도 수사기관에 신고할 의무가 있으며, 이를 어길 경우에는 상담사가 법적인 처벌을 받을 수 있다는 것을 청소년 내담자에게 알려야 합니다. 이로 인해서 청소년이 받을 심리적 위협감이나 혹시라도 있을 수 있는 자기파괴적인 행동에 대해서는 보호자와 긴밀히 협조해서 대비책을 마련해 두어야 합니다.

요약하면 원조교제나 본드 흡입은 청소년의 안전을 해칠 수 있는 행동이기 때문에, 비밀보장의 원칙보다 보호자에게 알려서 청소년 내담자의 안전을 확보하는 것이 우선입니다. 원조교제는 상담사가 속해 있는 기관의 성격에 따라 법률적으로 신고의무사항에 해당될 수 있으며, 이 경우에는 상담사가 원조교제 사실을 알고도 신고를 안 할 경우에는 법률적인 책임을 져야 하는 상황에 당면할 수 있습니다.

질문 6　보호자가 미성년 내담자의 상담내용을 알고 싶어 할 경우　내담자가 미성년자인 경우, 보호자(법정대리인)는 상담내용을 알고 싶어 하지만 내담자가 상담내용이 알려지는 것을 거부한다면 어떻게 해야 하나요?

답변　미성년 청소년 내담자가 상담내용이 보호자에게 공개되는 것을 거부할 경우에는 상담사가 상담내용을 보호자에게 알려서는 안 됩니다. 다만, 비밀보장의 원칙이 적용되지 않는 비밀보장 제한 상황에 해당되지 않을 때에 한해서입니다.

　사생활 보호를 위한 비밀보장의 권리는 미성년자인 청소년 내담자를 상담할 때에도 존중되어야 합니다. 또한 비밀보장이 지켜지기 어려운 제한 상황에서도 유사하게 적용됩니다. 예를 들어, 미성년자인 내담자나 타인의 안전이 위협받는 상황에서는 내담자나 타인의 안전을 확보하기 위해서 보호자나 관계기관에 알리거나 신고해야 합니다. 비밀보장 제한에 해당되는 내용이 아닌 경우, 상담사는 청소년 내담자와의 대화 내용을 부모라 하더라도 공개하지 않아야 하는 윤리적 의무가 있습니다. 다만, 청소년 내담자의 보호자로서 또 상담을 의뢰했고 상담료를 지불하고 있는 입장에서 상담과 관련된 궁금한 점들이 있을 수 있고 이에 대해서 상담사에게 물어볼 수 있습니다. 이럴 때 상담사가 상담과 관련된 내용을 어디까지 부모나 보호자에게 알려 줘야 하는지가 고민일 수 있습니다. 내담자의 사생활 보호를 중요시함으로써 상담관계의 신뢰성을 확보하면서 내담자의 복지 증진을 위한 최선의 방법이 무엇인지에 초점을 두고 판단을 해야 합니다. 보호자로서 청소년 자녀의 상담내용을 궁금해하는 입장도 상담사로서 이해해야 합니다. 청소년 내담자와의 상담이 안정적으로 지속되기 위해서는 부모와 상담사의 신뢰관계도 중요하기 때문입니다.

보호자로서 부모가 청소년 내담자의 상담내용을 알고 싶어 할 때는 이 사실에 대해서 내담자와 상담 중에 의논하는 것이 좋습니다. 이때 부모에게 알려도 되는 내용과 절대 알리지 않아야 하는 내용에 대해서 청소년 내담자의 의견을 들어 보아야 합니다. 절대 알리지 않도록 부탁하는 내용이 비밀보장 제한 상황에 해당되는 경우에는 상담사의 윤리강령이나 관련 법률을 들어서 고지 의무를 내담자가 이해할 수 있게 설명해 주어야 합니다. 이 과정은 상담을 시작할 때 이루어져야 하고 상담 중간에 이와 관련된 이슈가 발생하면 다시 반복해서 얘기하면 됩니다. 상담을 의뢰한 부모에게도 상담내용의 비밀보장과 관련된 이러한 과정에 대해서 숙지시켜 드리는 것이 필요합니다. 비밀보장의 원칙과 제한 상황에 대해서 부모와 청소년 자녀에게 알기 쉽게 충분히 설명하고 숙지시킨 뒤에 각자의 서명을 받아 문서화해 두는 것이 좋습니다.

요약하면, 미성년 청소년 내담자가 상담내용이 부모에게 공개되는 것을 거부할 경우에는 상담사가 상담내용을 부모에게 알려서는 안 됩니다. 다만, 비밀보장의 원칙이 적용되지 않는 비밀보장 제한 상황에 해당되지 않을 때에 한해서입니다. 비밀보장 제한 상황에 해당되는 내용이면 상담을 시작할 때 미성년 내담자에게 이와 관련된 과정을 숙지시키고 서명받았던 문서화된 합의 내용을 떠올려 보게 합니다. 그리고 상담사는 부모에게 알린다고 얘기한 뒤에 부모에게 즉시 알려야 합니다. 간혹 청소년 내담자가 상담내용을 부모에게 알리면 상담을 그만하거나 집을 나가겠다고 할 수도 있습니다. 그래도 상담사는 고지의 의무를 단호하게 이행해야 합니다. 상담사와 내담자의 신뢰관계보다 내담자의 안전 확보가 더 우선이기 때문입니다. 물론 이 과정에서 상담관계도 보호하고 내담자의 안전 확보와 복지 증진도 도모할 수 있도록 상황에 맞는 섬세하면서도 유연한 노력이 상담사에게 요구될 것입니다.

질문 7 회사에 고용된 상담사의 비밀보장 한계   저는 회사 상담실에서 일하는 상담사입니다. 한 내담자가 높은 자살 위험을 보이지만 회사에는 이를 알리길 원하지 않습니다. 내담자의 뜻을 따랐을 때 상담사에게 법적 책임이 있을까요?

답변 회사 상담실에서 일하는 상담사는 고위험군의 내담자가 찾아오면 회사 책임자에게 보고하는 절차를 회사 측과 사전에 협의해 두는 것이 좋습니다. 그리고 상담실을 방문하는 예비 내담자에게 고위험군으로 분류되면 회사에 명단이 전달된다는 점을 숙지시키고 이에 동의를 받아 문서화해 두어야 합니다.

내담자의 자살 위험성이 높은 경우에는 비밀보장의 원칙보다 내담자의 안전 확보가 우선입니다. 내담자의 안전을 확보하기 위해 상담사로서 필요한 조치를 적극적으로 취하고 이를 기록으로 남겨놓아야 합니다. 해당되는 필요 조치는 내담자의 보호자 혹은 보호자가 없으면 보호자에 준하는 기능을 할 수 있는 사람을 찾아서 내담자의 자살 위험성을 알리고 내담자의 안전을 위해 각별히 신경써 주도록 부탁드리는 것입니다. 물론 보호자에게 알린다고 내담자에게 미리 얘기를 해야 합니다. 질문에서처럼 내담자가 타인에게 알리기를 원하지 않아도 이는 상담사의 의무 사항임을 알려야 합니다. 상담을 시작할 때 상담사가 비밀보장이 제한되는 경우에 대해서 내담자에게 설명하고 내담자의 서명을 받아 문서화해 두었다면 얘기하기가 더 쉬울 겁니다.

　문제는 질문에서처럼 내담자가 회사 상담실에서 상담을 받고 있으며 상담사도 회사 소속 직원인 경우입니다. 이와 관련된 학회 윤리강령의 주요 내용은 사전에 회사 관계자와 상담내용의 비밀보장과 관련된 내용을 협의하여 비밀보장의 한계에 대해서 명확히 하고, 회사에 해가 될 상황이 초래할 가능성이 있을 때는 미리 회사 관계자에게 알려야 한다는 것입니다. 자살 위험성이 높은 내담자의 안전을 확보하기 위해서 보호자에게 연락해야 하는 것은 상담사의 윤리적 의무임이 분명합니다. 그렇다면 내담자의 회사 관계자에게 보고하는 것은 어떤 관점에서 이해를 해야 할까요? 내담자의 심각한 심리적 문제를 회사 관계자가 알았을 때, 이로 인해서 내담자가 인사고과에서 불이익을 받을 수도 있습니다. 이는 내담자의 복지 증진을 최우선으로 해야 한다는 상담사의 윤리와 배치될 수 있습니다. 「한국상담심리학회 윤리강령」 2. 나. (1)에는 "상담심리사는 자신이 종사하는 기관의 목적과 방침에 공헌할 수 있는 활동을 할 책임이 있다. 기관의 목적과 방침이 상담사 윤리와 상충될 때에는 이를 해결하기 위해 노력해야 한다."라고 명시되어 있습니다. 심지어 「한국상담학회 윤리강령」 제14조 2항에는 "상담사는 자신의 전문적 활동이 재직하고 있는 상담기관의 목적과 모순되고, 직무수행에서 갈등이 해소되지 않을 때는 상담기관과의 관계를 종결해야 한다."라고까지 명시되어 있습니다. 고용주 입장에서 회사 상담실을 운영하는 이유는 사원들의 복지를 위한 것도 있지만 궁극적으로는 직원들의 정신건강을 관리하여 회사의 생산성을 높이기 위한 것입니다. 기업에 속해서 일하는 상담사는 이런 고용주의 요구를 간과할 수 없습니다.

　기업에 소속된 상담사는 사전에 회사 책임자와 협의를 통해 비밀보장의 제한에 대해서 명확히 해야 합니다. 그리고 이 내용에 대해서 상담을 시작할 때 내담자에게 고지하고 숙지시킨 뒤에 내담자의 동의 서명을 받아 문서화해 두는 것이 좋습니다. 이에 동의하지 않는 직원은 상담을 시작하지 않아야 합니다. 질문에서처럼 자살 위험성이 높은 내담자를 상담하고 있는 상담사가 내담자의 자살 위험성에 대해서 회사 관계자에게 보고하지 않았다가 내담자가 실제로 자살을 했을 경우를 생각해 봅시다. 내담자의 가족들은 회사를 상대로 산재처리를 요구하는 소송을 할 수 있습니다. 이 과정에서 회사는 상담사의 책임을 물을 수 있습니다. 회사 소속 상담사가 상담실 운영에 책임이 있는 회사 관계자에게 자살 위험성이 높은 직원에 대해서 보고하는 것은 미래에 있을지도 모르는 위협적인 일로부터 자신을 보호하는 절차이기도 합니다. 상담사의 안전이 확보되지 않은 상황에서는 상담사가 제대로 상담을 할 수 없습니다.

　요약하면, 회사 상담실에서 일하는 상담사는 고위험군의 내담자가 찾아오면 회사 책임자에게 보고하는 절차를 사전에 협의해 두는 것이 좋습니다. 그리고 고위험군으로 분류되면 회사에 명단이 전달된다는 점을 상담실을 방문하는 예비 내담자에게 숙지시키고 이에 동의를 받아 문서화해 두어야 합니다. 보고를 받은 회사 관계자가 이 정보에 대해서 회사 관계자 중 누구와 의사소통을 할지에 대해서도 사전에 협의가 되어 있으면 더 좋습니다. 이 과정에서 상담사는 내담자가 이 일로 인사상의 불이익을 받지 않도록 상담사로서 최대한 배려하는 것이 필요합니다. 회사는 상담실에서 보고받은 고위험군 내담자의 안전과 복지를 위해서 더 노력하고 회사에 해가 되는 일을 사전에 방지할 대책을 마련할 수 있을 것입니다. 회사 상담사는 이런 선순환 과정을 지켜보면서 자신의 일에 대한 보람을 한층 더 느끼고 책임감 또한 고취될 수 있을 것입니다.

관련 조항

「한국상담심리학회 상담심리사 윤리강령」 2. 나.

2. 상담심리사는 근무기관의 관리자 및 동료들과 상담업무, 비밀보장, 직무에 대한 책임, 공적 자료와 개인자료의 구별, 기록된 정보의 보관과 처분에 관하여 상호 협의해야 한다. 상호 협의한 관계자들은 협의 내용을 문서화하고 공유한다.

3. 상담심리사는 자신이 속한 기관의 효율성에 제한을 줄 수 있는 상황에 대해 미리 알려주어야 한다.

「한국상담학회 윤리강령」 제5장 제14조

③ 상담사는 자신이 재직하고 있는 상담기관의 관리자 및 동료들과의 관계를 통해서 상담업무, 비밀보장, 기록된 정보의 보관과 처리, 업무분장, 책임에 대해 상호 간의 동의를 구해야 한다. 상담사가 재직하고 있는 상담기관과 비밀보장이나 정보의 보관과 처리 등 윤리적인 문제로 마찰이 생기는 경우 윤리위원회에 중재를 의뢰할 수 있다.

④ 상담사는 자신이 재직하고 있는 상담기관의 고용주에게 해를 끼칠 수 있는 상황 혹은 기관의 효율성에 제한을 줄 수 있는 상황에 대해 미리 통보를 하여야 한다.

02 · 사전 동의, 상담사 보호, 법원 진술, 기록 열람

질문 8 상담사가 상담과정에 대해서 충분히 설명해 주지 않을 경우

저는 상담을 받고 있으나 특별히 효과가 있는지 잘 모르겠습니다. 상담사에게 상담계획이나 종결 시기를 물어보면 시원하게 대답해 주지 않습니다. 상담사는 오히려 그런 질문을 하는 이면의 마음이 궁금하다고 되레 제게 묻습니다. 이런 질문에 대한 답변을 상담사에게 청하는 것이 잘못된 것인가요?

답변 상담사는 상담계획이나 예상되는 종결 시기에 대해서 알려 주어야 할 의무가 있습니다.

내담자는 상담사로부터 상담에 대해 충분하고 적절하게 설명을 들을 권리가 있습니다. 이것을 전문용어로 사전 동의(informed consent)라고 부릅니다. 사전 동의 과정에서 설명해야 할 정보로는 상담의 전반적인 계획과 진행 방향(상담사가 기반한 이론적 관점, 기법, 상담계획, 전체 상담지속기간 등), 상담사의 경력, 비밀보장과 그 예외 상황, 상담을 거부하고 종결할 권리, 상담 참여에 따르는 잠재적 이익과 위험, 상담에 대한 대안적인 서비스, 필요시 연락할 방법, 검사 결과, 진단 및 상담기록에 대한 열람 권리, 상담료의 지불

방법이 있습니다. 사전 동의 내용들은 내담자가 요청할 때뿐만 아니라 상담을 시작하기 전에 내담자가 충분히 생각해 보고 결정을 내릴 수 있도록 체계적으로 설명해야 합니다. 최근 「미국상담학회 윤리강령(The American Counseling Association Code of Ethics)」은 사전 동의를 구두동의뿐만 아니라, 서면동의의 형식으로도 이행하도록 하고 있습니다.

관련 조항

「한국상담심리학회 상담심리사 윤리강령」 3.

나. 내담자의 권리와 사전 동의

1. 내담자는 상담계획에 참여할 권리, 상담을 거부하거나 상담 개입방식의 변화를 거부할 권리, 그러한 거부에 따른 결과에 대해 고지 받을 권리, 자신의 상담 관련 정보를 요청할 권리 등이 있다.

2. 상담심리사는 상담을 시작할 때 내담자가 충분한 설명을 듣고 선택할 수 있도록 적절한 정보를 제공해야 하고, 상담사와 내담자 모두의 권리와 책임에 대해서 알려 줄 의무가 있다. 이러한 사전 동의 절차는 상담과정의 중요한 부분이며, 내담자와 논의하고 합의된 내용을 적절하게 문서화한다.

3. 상담심리사가 내담자에게 설명해야 할 사전 동의 항목으로는 상담사의 자격과 경력, 상담 비용과 지불 방식, 치료 기간과 종결 시기, 비밀보호 및 한계 등이 있다.

4. 상담심리사는 내담자에게 상담과정의 녹음과 녹화 가능성, 사례지도 및 교육에의 활용 가능성에 대해 설명하고, 내담자에게 동의 또는 거부할 권리가 있음을 알려야 한다.

질문 9   계약에 의하지 않은 상담료 청구   내담자의 부모로부터 전화를 받아 30분 이상 내담자에 대해서 논의하였습니다. 이런 경우 상담료 청구를 어떻게 해야 할까요? 내담자는 유료 상담을 하고 있지만 그 부모에 대해서는 상담을 하고 있지 않습니다.

답변   미리 사전 동의를 통해서 상담료 책정 기준을 고지하지 않은 상담료 부과는 문제가 될 수 있습니다.

상담은 전문 서비스를 제공하고 그에 대한 대가를 제공받는 영리행위입니다. 영리적 서비스는 계약 관계에 기초한 것이기 때문에 처음 상담을 시작할 때 서비스의 권리와 의무에 대해서 인지하고 동의하여 시작하는 것이 타당할 것입니다. 사전 동의가 이에 해당하는 것입니다. 최근 우리나라도 상담을 시작할 때 서면으로 상담 계약서를 작성하고 시작하는 경우가 늘어나고 있는데 이것은 바람직합니다. 상담료가 부과되는 상담의 경우 상담료 책정 기준을 상담소에 게시하여 놓는 것이 바람직합니다. 한편, 접수면접을 한 후에 방문한 내담자가 마음을 바꿔 다시 오지 않는 경우에 대비하여 본격적인 상담 계약서 양식뿐 아니라 단회성 접수면접에 대비한 서비스 안내문도 준비하여 사전 동의를 받는 것을 권장합니다.

질문 10 상담사 보호를 위한 예방적 조치   날이 갈수록 상담사 및 정신건강 관계자에 대한 범죄행위가 증가하는 것 같습니다. 상담사의 안전을 사전에 보호하는 예방적 방법이 궁금합니다.

답변 상담사를 공격하는 내담자 유형을 고려하여 사전에 자신을 보호하기 위한 조처를 구상하고 준비해 두어야 합니다.

미국에서 정신과의사의 경우 1,000명당 68.2명이 환자에게 폭력 피해를 입었으며, 비의료분야의 정신건강 관련 직무에 봉사하는 사람들의 경우 40.7명이 환자에게 폭력을 당한 것으로 나타났습니다(Benitez et al., 2010). 상담사와 다른 정신건강분야 종사자들은 본인, 동료, 피고용인, 가족의 안전을 지키기 위해 최선의 노력을 다해야 합니다. 하지만 안타깝게도 자신이 지키려 애썼던 환자나 내담자로부터 피해를 입는 불상사가 간혹 발생하며, 이는 상담이 종결되고 몇 년이 지난 후에 발생하기도 합니다.

다음은 이에 대한 대처법입니다. 첫째, 내담자의 특성을 고려합니다. 예를 들어, 과거에 폭력전과가 있는 소년범을 상담한다면 그 위험성은 상당히 상승합니다. 이는 연구에서 밝혀진 폭력행동의 위험요인이 여러 가지 중복되어 나타나는 경우이기 때문입니다. 보호처분을 위반할 가능성을 높이는 것으로 확인된 요인으로는 폭력의 과거력, 남성, 청소년, 파트타임 비정규직, 약물남용, 기타 정신건강서비스를 받았던 이력이 포함됩니다(Benitez et al., 2010).

둘째, 상담실의 안전 상태를 점검합니다. 상담센터가 가정이 아니라 빌딩에 소재해 있다고 하더라도, 상담소의 시건장치가 안전한지, 접수대를 거쳐서 상담실로 들어오는지, 만일의 사태가 발생할 경우 상담사가 빠져나갈 뒷문이 있는지, 비상경보를 울릴 수 있을지, 호신도구를 가지고 있는지 확인합니다. 호신술을 배우거나 밤에는 가급적 일을 하지 않는 것도 좋은 방법입니다. 또한 경찰서에서 운영하는 탄력순찰제를 이용하는 것을 권장합니다. 탄력순찰제는 사전에 위험성이 높은 특정한 시간과 장소를 경찰서에 신청하면, 경찰관이 그 시간에 장소를 경유하여 순찰을 도는 제도입니다. 위험한 내담자라 하더라도 그 주변에 경찰이 주기적으로 순찰을 도는 것을 인지한다면 충동적인 행동을 억제할 가능성이 높습니다. 상담사의 신변을 사법적으로 보호할 수 있는 방안에 대한 자세한 답변은 질문 34번을 참조하십시오.

질문 11   내담자에 대한 상담사의 법원 진술 거부   상담사가 법원에서 내담자에게 불리한 진술을 해야 할 경우, 만약 상담사가 진술을 하지 않으면 처벌을 받나요?

답변   정보 공개에 대한 법률적인 강제성이 없고 법원에서 내담자에게 불리한 진술을 해야 되는 상황이면 상담사는 진술을 거부할 수 있습니다.

상담내용에 대한 비밀보장은 전문적인 상담관계에서 내담자와 상담사가 나눈 대화를 외부에 공개하지 않아야 한다는 상담사의 윤리적 의무입니다. 법적으로 인정하는 예외(예: 내담자의 자해나 타해의 위협, 법령에서 요구하는 정보 공개, 아동·노인 학대 신고법 또는 기타 법률의 의한 강제)에 해당되지 않는 경우, 상담사가 내담자의 정보를 보호하지 못한 것에 대해서는 내담자나 그 보호자로부터 소송을 당할 수 있습니다. 미국의 경우 대부분의 주에서 상담사-내담자의 대화 내용은 변호사-의뢰인, 의사-환자 간에 오간 대화가 보호되는 방식과 유사하게 법적 및 행정적 절차 상황에서 공개되지 않도록 보호받습니다. 질문에서와 같이 법원 혹은 청문회에서 증인으로 출석해 줄 것을 요구받을 때도 이러한 권한이 적용됩니다.

「한국상담심리학회 윤리강령」 5. 다. (3)에는 "법원이 내담자의 동의 없이 상담심리사에게 상담 관련 정보를 요구할 경우, 상담심리사는 내담자의 권익이 침해되지 않도록 법원과 조율하여야 한다."라고 명시되어 있습니다. 이 조항에서는 "……내담자의 권익이 침해되지 않도록 법원과 조율하여야 한다."라는 다소 애매한 표현을 쓰고 있어 상담사 입장에서는 상담 관련 정보 공개에 대한 혼란이 크게 줄어들지 않을 듯합니다. 이는 그만큼 법적인 상황으로 들어가면 고려할 사항과 그 복잡성이 증가해서 윤리강령으로 상담사의 행동 지침을 구체화하는 데 어려움과 한계가 있음을 보여 주는 것이 아닌가 싶습니다.

상담사의 1차적 책임은 내담자의 복지를 증진시키고 존엄성을 존중하는 것입니다[「한국상담심리학회 상담심리사 윤리강령」 3. 가. (1)]. 법적으로 정보 공개에 대한 의무가 있는 경우가 아니라면, 이 같은 내담자에 대한 상담사의 1차적 책임과 비밀보장에 대한 상담사의 윤리적 의무에 따라서 판단해야 합니다. 정보 공개에 대한 법률적인 강제성이 없고 법원에서 내담자에게 불리한 진술을 해야 되는 상황이면 상담사는 진술을 거부할 수 있습니다. 만약 그렇지 않고 비밀보장에 대한 전문가로서의 윤리적 의무를 저버리고 법원에서 내담자에게 불리한 진술을 하게 되면 나중에 내담자로부터 소송을 당할 수도 있습니다.

질문 12 상담내용의 법원 제출 시 주의사항   이혼, 가해자 처벌, 피해자 손상 정도 등의 문제로 소송 중인 내담자가 법원에 제출할 증빙자료로 상담내용 관련 서류를 요청합니다. 이때 문서 작성 시 주의사항이나 고려할 사항이 있나요?

답변 법원에서 요구하는 정보만 선택해서 제출하기를 권합니다. 상담사가 기록한 상담일지를 그대로 제출하기보다는 법원에서 요구하는 정보만 요약하여 법정 제출용으로 정리해서 제출하는 것이 좋습니다.

이 질문과 관련된 학회 윤리강령의 주요 내용은 "내담자의 사생활보호를 우선으로 하면서 최소한의 꼭 필요한 정보만 제공해야 하고, 법적인 강제성이 있는 경우가 아니라면 내담자의 승인하에 정보를 제공해 주어야 한다."로 요약됩니다. 아동복지나 성폭력 방지 및 피해자보호 등에 관한 법률에 따르면 아동·청소년 학대가 발생하였음을 알게 되었을 때 상담사는 관련 기관에 즉시 보고하도록 명시되어 있어, 이와 관련하여 법원에서 증빙자료나 법원 진술을 요구하면 상담사는 이에 응할 의무가 있습니다. 그렇다 하더라도 상담사는 법으로 보장되는 범위 내에서 내담자의 사생활을 최대한 보호하도록 노력해야 합니다.

증인에 대한 소환장은 수령인이 법정에 출두하여 소송 관련 사실에 대해 증인으로 진술할 것을 요구하는 공식적인 법원 문서입니다. 소환장에서 상담내용에 대한 자료 제출을 요구하기도 합니다. 상담기록을 제출해야 한다면 해당 법원에서 요구하는 정보만 선택해서 제출하기를 권합니다. 상담사가 기록한 상담일지를 그대로 제출하기보다는 법원에서 요구하는 정보만 요약하여 법정 제출용으로 정리해서 제출하는 것이 좋습니다.

관련 조항

「한국상담심리학회 상담심리사 윤리강령」
- 법원이 내담자의 동의 없이 상담심리사에게 상담관련 정보를 요구할 경우, 상담심리사는 내담자의 권익이 침해되지 않도록 법원과 조율하여야 한다(5. 다. 3).
- 내담자의 사생활 보호가 제한되는 경우라 하더라도, 상담심리사는 내담자의 사생활 침해를 최소화하기 위해 노력해야 하고, 문서 및 구두 보고 시 사생활에 관한 정보를 포함시켜야할 경우 그 목적과 밀접한 관련이 있는 정보만을 포함시킨다(5. 가. 4).

「한국상담학회 윤리강령」 제7조
③ 상담사는 내담자의 사적인 정보의 공개가 요구될 때 기본적인 정보만을 공개한다. 더 많은 사항을 공개하기 위해서는 사적인 정보의 공개에 앞서 내담자에게 알리고 동의를 얻어야 한다.

「청소년상담사 윤리강령」 마.
- 청소년상담사는 원칙적으로 내담자 및 보호자(만 14세 미만 내담 청소년의 경우)의 동의 없이 상담의 기록을 제3자나 기관에 공개하지 않는다[2. 마)].
- 청소년상담사는 법적으로 정보의 공개가 요구되는 경우 내담자에게 그 사실을 알리고 최소한의 정보만을 제공한다[4. 나) 2)].

질문 13
내담자나 미성년 내담자 보호자의 상담기록물 열람 요구　외부 기관이나 학생의 부모가 상담기록물 열람을 원할 때가 한 번씩 있습니다. 해당 학생의 부모 또는 본인이 상담기록물 원본 열람을 원할 때 원본을 보여 주어야 하나요?

답변　상담사는 내담자 본인이든 미성년 내담자의 보호자든 상담기록물의 원본을 그대로 열람하도록 허용할 의무가 없습니다. 내담자에게 해가 되지 않는 선에서 일부만 열람하도록 할 수 있습니다. 만약 내담자나 보호자가 원본 그대로 상담기록물을 열람하고 싶어 하면, 상담사는 학회의 윤리강령에 명시된 부분을 내담자에게 언급하고 원본 열람이 어려운 이유에 대해서 내담자나 보호자에게 이해를 구해야 합니다.

상담기록물 열람은 본인이 원하는 경우와 학부모 같은 보호자가 원하는 경우로 구분됩니다. 먼저 내담자 본인이 열람을 원하는 경우에 해당되는 주요 학회별 윤리강령에 따르면, 내담자는 자신의 상담기록물 열람을 요청할 권리가 있으며 상담사는 이를 존중해야 합니다. 단 '합당한 선에서' '내담자에게 해가 되지 않으며 잘못 이해될 가능성이 없을 때'라는 전제가 있습니다. 이는 내담자가 요청한다고 해서 상담기록물 전체를 열람할 수 있도록 허용하는 것은 신중해야 하며 상담기록물 일부만 열람할 수 있도록 상담사가 재량을 발휘할 수 있음을 의미합니다. 상담기록물에는 내담자에 대한 상담사의 주관적인 의견이 포함되어 있을 수 있습니다. 특히 내담자나 주변 사람에 대한 평가가 들어가 있으면 상담관계나 내담자와 주변 사람의 관계에 부정적인 영향을 줄 수 있을 뿐만 아니라 잘못 이해될 가능성도 배재할 수 없기 때문에 상담사가 해당 부분에 대한 내담자의 열람을 제한하는 것이 좋을 수 있습니다.

내담자의 보호자가 상담기록물 열람을 요청하는 경우에 해당되는 윤리강령에 따르면 상담관계에서 내담자는 사생활을 보호받고 상담 중 오간 대화에 대한 비밀을 보장받을 권리가 있으며, 상담사는 비밀보장의 제한 혹은 예외 상황이 아니면 이 같은 내담자의 권리를 존중하고 보장해 줘야 하는 윤리적 의무가 있습니다. 제3자가 상담기록물에 대한 열람을 요청할 경우에는 반드시 내담자의 동의하에 상담기록물을 타인에게 공개할 수 있습니다. 이는 미성년 내담자의 경우도 동일합니다. 이때 공개할 상담기록물의 내용이나 범위에 대해서는 내담자와 사전에 합의가 되어야 하며 상담사도 내담자의 존엄성 존중과 복지 증진이라는 상담사의 1차적 책임을 우선적으로 고려해서 신중히 결정해야 합니다.

요약하면, 상담사는 내담자 본인이든 미성년 내담자의 보호자든 상담기록물의 원본을 그대로 열람하도록 허용할 의무는 없습니다. 전문가로서 앞에서 언급한 상담사의 윤리강령을 고려해서 내담자에게 해가 되지 않는 선에서 일부만 열람하도록 할 수 있습니다. 만약 내담자나 보호자가 원본 그대로 상담기록물을 열람하고 싶어 하면, 상담사는 학회의 윤리강령에 명시된 부분들을 내담자에게 언급하고 원본 열람이 어려운 이유에 대해서 내담자나 보호자에게 이해를 구해야 합니다.

관련 조항

「한국상담심리학회 상담심리사 윤리강령」 5. 나.

6. 상담심리사는 내담자가 합당한 선에서 기록물에 대한 열람을 요청할 경우, 열람할 수 있도록 한다. 단, 상담심리사는 기록물에 대한 열람이 내담자에게 해악을 끼친다고 사료될 경우 내담자의 기록 열람을 제한한다.

7. 상담심리사는 내담자의 기록 열람에 대한 요청을 문서화하며, 기록의 열람을 제한할 경우, 그 이유를 명기한다.

8. 복수의 내담자의 경우, 상담심리사는 각 개별 내담자에게 직접 해당되는 부분만을 공개하며, 다른 내담자의 정보에 관련된 부분은 노출되지 않도록 한다.

10. 상담심리사는 상담과 관련된 기록을 보관하고 처리하는 데 있어서 비밀을 보호해야 하며, 이를 타인에게 공개할 때에는 내담자의 직접적인 동의를 받아야 한다.

「한국상담학회 윤리강령」 제2장 제6조

④ 상담사는 내담자가 상담기록의 열람을 요구할 경우, 그 기록이 내담자에게 잘못 이해될 가능성이 없고 내담자에게 해가 되지 않으면 응하도록 한다. 다만 여러 명의 내담자를 상담하는 경우, 내담자 자신과 관련된 부분에 대해서만 공개할 수 있다. 다른 내담자와 관련된 사적인 정보는 제외하고 열람하거나 복사하도록 한다.

⑤ 상담사는 상담과 관련된 기록을 보관하고 처리하는 데 있어서 비밀을 유지해야 하며, 이를 타인에게 공개할 때에는 내담자의 동의를 구한다. 내담자에게 해를 끼치지 않는 범위 내에서 공개해야 한다.

「청소년상담사 윤리강령」

• 청소년상담사는 내담자가 상담 계획에 참여할 권리, 상담을 거부하거나 개입 방식의 변경을 거부할 권리, 거부에 따른 결과를 고지 받을 권리, 자신의 상담 관련 자료를 복사 또는 열람할 수 있는 권리 등을 보장해 주어야 한다. 단, 기

록물에 대한 복사 및 열람이 내담자에게 해악을 끼친다고 판단될 경우 내담자의 기록물 복사 및 열람을 제한할 수 있다[다. 1. 나].

• 청소년상담사는 청소년 내담자 상담 시 사전에 상담에 대한 내담자의 동의를 받고 상담 과정에 부모나 보호자가 참여할 수 있으며, 비밀보장의 한계에 따라 정보를 제공할 수 있음을 알린다[마. 1. 다].

• 청소년상담사는 청소년 내담자 상담 시, 상담 의뢰자(교사, 경찰 등)에게 내담자 및 보호자(만 14세 미만 내담 청소년의 경우)의 동의하에 정보를 제공할 수 있다[마. 1. 라].

• 청소년상담사는 원칙적으로 내담자 및 보호자(만 14세 미만 내담 청소년의 경우)의 동의 없이 상담의 기록을 제3자나 기관에 공개하지 않는다[마. 2. 마].

● 참고문헌 ●

한국상담심리학회(2018). 한국상담심리학회 상담심리사 윤리강령.

한국상담학회(2016). 한국상담학회 윤리강령.

한국청소년상담복지개발원(2018). 청소년상담사 윤리강령.

Benitez, C. T., McNiel, D. E., & Binder, R. L. (2010). Do Protection
    Orders Protect?. *Journal of American Psychiatry Law, 38*, 376–385.

제2부

법과 상담

03 · 소년범 처벌 및 훈방제도

질문 14 미성년자의 소급 법률 적용 후 처벌 18세 미만의 내담자가 나쁜 친구와 어울려 빈 가게에 들어가 술과 담배를 훔치는 등 위험한 행동을 하고 있다는 사실을 알게 되었습니다. 지금은 경찰에 적발되지 않았지만 향후 적발되어 소급해서 처벌받는 사례가 있나요?

답변 공소시효가 완료되지 않은 상황에서 적발된다면 처벌을 받을 수 있습니다.

가끔 어린 시절에 했던 범죄행위가 성인이 된 후에 발각되어 처벌받는 사례가 있습니다. 뒤늦게 범죄행위가 발각되는 사례는 내담자가 미성년자이어서 지문조회가 되지 않다가 추후 성인이 되어 공적 시스템에 지문이 등록되면서 내담자의 인적 사항이 조회되는 경우와 다른 범죄를 수사하다가 뒤늦게 내담자의 인적 사항이 특정되어 수사기관의 출석 요구를 받는 경우가 있습니다. 하지만 무기한 법률을 소급하여 처벌하는 것이 아니라「형사소송법」이 정해놓은 범죄의 법정형에 따라 공소시효 기간을 달리 규정하고 있는데, 공소시효 범위 내에 있는 범죄에 대해서만 소급하여 처벌받을 수 있습니다.

관련 조문

「형사소송법」 제249조 제1항(공소시효의 기간 준용)

⋯▸ 단순 절도죄의 공소시효는 7년

질문 15　미성년자 고리대금 대출　미성년자인 내담자가 선배에게 돈을 빌렸는데, 이자가 원금보다 더 많다고 합니다. 이와 관련하여 빚 재촉을 받는 내담자를 구제해 줄 수 있는 방법이 있나요? 또한 내담자가 채무를 변제하지 않으면 어떤 처벌을 받게 되나요?

답변　청소년 대상 고금리 대출행위는 불법입니다.

　최근 청소년들의 채권·채무 문제행위가 사회적으로 물의를 일으키고 있습니다. 주로 콘서트 티켓 구입비용이나 게임 아이템 구입비용, 온라인 도박 자금을 마련하기 위해서 고금리 이자를 주고 돈을 빌리는 행위가 나타나고 있습니다. 그러나 피해 청소년들이 법률적인 지식 부족, 보복 우려, 본인의 불법행위(도박 등)가 가족에게 알려지는 것에 대한 두려움 등으로 신고를 꺼려하는 경우가 많이 있습니다.

　청소년들 간에 고금리 대출행위는 모두 불법 대부업으로 위법행위입니다. 관할 관청에 등록을 하고 돈을 빌려 주는 것을 업으로 하는 대부업체의 대부행위는 「대부업법」 위반으로, 그 외에 정식으로 등록을 하지 않고 개인 간에 돈을 빌려 주고 받는 일을 하면서 고금리 이자를 받을 때에는 「이자제한법」을 적용받아 처벌을 받습니다. 또한 채권자의 폭행·협박 및 개인정보 유출행위가 있을 경우에는 「채권의 공정한 채권 추심에 관한 법률」로 처벌을 받을 수

있습니다. 게다가 「민법」상 미성년자의 법률행위는 친권자의 동의
가 있어야 가능하고, 친권자의 동의가 없는 법률행위는 취소할 수
있으므로 민사적으로도 다툴 수 있습니다.

관련 조문

「대부업 등의 등록 및 금융이용자 보호에 관한 법률(대부업법)」
• 제3조 제1항(등록 등)
대부업 또는 대부중개업(이하 "대부업 등"이라 한다)을 하려는 자(여신금융기관
은 제외한다)는 영업소별로 해당 영업소를 관할하는 특별시장·광역시장·특별
자치시장·도지사 또는 특별자치도지사(이하 "시·도지사"라 한다)에게 등록하
여야 한다.
⋯ (벌칙) 제19조 제1항 제1호: 5년 이하의 징역 또는 5천만 원 이하의 벌금

• 제8조 제1항(대부업자의 이자율 제한)
대부업자가 개인이나 「중소기업기본법」 제2조 제2항에 따른 소기업(小企業)에
해당하는 법인에 대부를 하는 경우 그 이자율은 연 100분의 27.9 이하의 범위
에서 대통령령으로 정하는 율을 초과할 수 없다.
⋯ (벌칙) 제19조 제2항 제3호: 3년 이하의 징역 또는 3천만 원 이하의 벌금

「이자제한법」
• 제2조 제1항(이자의 최고한도 규정)
⋯ (벌칙) 제8조: 1년 이하의 징역 또는 1천만 원 이하의 벌금

「채권의 공정한 추심에 관한 법률(채권추심법)」
• 제9조 제1호(폭행·협박 등의 금지)
채무자 또는 관계인을 폭행·협박·체포 또는 감금하거나 그에게 위계나 위력
을 사용하는 행위

⋯→ (벌칙) 제15조 제1항: 5년 이하의 징역 또는 5천만 원 이하의 벌금

• 제10조 제1항(개인정보의 누설 금지 등)

채권추심자는 채권발생이나 채권추심과 관련하여 알게 된 채무자 또는 관계인의 신용정보나 개인정보를 누설하거나 채권추심의 목적 외로 이용하여서는 아니 된다.

⋯→ (벌칙) 제15조 제2항 제3호: 3년 이하의 징역 또는 3천만 원 이하의 벌금

관련 민사 판례

대법원 판례 2005다71659,71666,71673(채무부존재확인등 · 부당이득반환청구)〈미성년자의신용카드사용사건〉

법정대리인의 동의 없이 신용구매계약을 체결한 미성년자가 그 동의 없음을 이유로 위 계약을 취소하는 것이 신의칙에 위배되는지 여부: 위배되지 않는다(소극).

질문 16 일부 가해학생만 처벌 가능 여부   학교의 일진에게 위협을 받는 중3 내담자를 보호하기 위해 경찰에 도움을 요청하였습니다. 경찰은 졸업한 선배만 조사해 달라는 상담사의 당부를 무시하고 가해 재학생들까지 조사하여, 그 과정에서 교사와 학부모들이 경찰에 신고한 상담사에게 항의를 하였습니다. 이러한 경우 내담자가 요청한 대로 일부 가해자만 분리하여 처벌을 받게 하는 방법이 있나요?

답변 공범 등 분리할 수 없는 사건이 아니라면 일부 사람에 대한 처벌이 가능할 것으로 생각됩니다.

이러한 경우 내담자를 상담한 상담교사가 경찰에 신고하기보다는 피해를 입은 내담자가 직접 경찰에 일부 가해학생만을 피고소인으로 특정하여 고소장을 제출한다면 가능할 것으로 보입니다. 학교에서 경찰에 수사의뢰를 하는 방법, 제3자가 신고하는 고발, 피해자가 직접 신고를 하는 고소 등 수사기관에 신고하는 방법은 여러 가지가 있습니다. 사건의 전반적인 내용을 상담한 상담교사가 포괄적인 내용을 모두 기재하여 수사기관에 의뢰하면서 일부 가해자만 분리하여 처벌을 해 달라고 요청하면, 경찰에서는 임의로 일부 가해자만 떼어 내어 사건을 처리하기 곤란한 상황이 발생될 수 있습니다. 하지만 피해자가 처벌을 요구하는 일부 가해자만을 피고소인으로 기재하고, 그에 대한 피해 사실을 경찰에 진술하면 일부 가해학생만 처벌하는 것이 가능할 것이라 생각됩니다.

그렇지만 피해자가 처벌을 원하는 일부 가해자들의 범행과 처벌을 원하지 않는 가해 재학생들과의 공범관계 및 범행 내용이 연결되어 있어 분리하는 것이 불가능하다면, 경찰에서 고소하지 않은 재학생들의 범행을 추가로 인지하여 처벌할 수밖에 없습니다.

질문 17 범죄·촉법·우범 소년, 통고제도 범죄소년, 촉법소년, 우범소년, 통고제도라는 용어의 의미와 이것들의 차이는 무엇이며, 청소년의 지위비행만으로 처벌이 가능한가요?

답변 우범, 통고 대상 청소년은 지위비행만으로 소년보호처분을 받을 수 있습니다.

소년의 나이, 범죄 저촉행위, 의뢰 기관에 따라 범죄소년, 촉법소년, 우범소년, 통고제도로 나뉘어 있습니다. 먼저, '범죄소년'은 형사적인 책임을 가진 만 14세 이상부터 만 19세 미만의 소년 중 범죄를 저지른 사람을 일컫는 말입니다. '촉법소년'은 만 10세 이상부터 만 14세 미만의 소년 중 범죄를 저질렀지만 형사처벌을 받지 않고 소년보호처분을 받는 자를 말합니다. '우범소년'은 만 10세 이상부터 19세 미만의 소년으로 범죄행위를 저지르지는 않았지만 상습가출, 성매매, 집단적으로 몰려다니며 주위 사람들에게 불안감을 조성하는 등 향후 범죄를 저지를 우려가 있는 자를 경찰에서 검찰을 거치지 않고 바로 가정법원으로 사건을 보내는 제도입니다. 그리고 '통고제도'는 소년의 보호자, 학교의 장, 사회복리시설의 장, 보호관찰소의 장이 범죄를 저지른 만 10~19세의 소년을 발견하거나, 범죄를 저지를 우려가 있는 소년을 발견했을 때 수사기관을 거치지 않고 직접 가정법원에 재판을 요청하는 제도입니다. 범죄소년은 경찰, 검찰 등 수사기관을 통해 재판에 넘겨지기 때문에 전과나 수사 관련 기록이 남지만, 촉법소년, 우범소년, 통고제도는 검찰을 거치지 않고 보호자 또는 경찰에서 바로 가정법원으로 기록이 보내어지기 때문에 추후 범죄기록 등이 전혀 남지 않는 장점이 있습니다. 최근에는 경찰이나 사회복리시설(사회복지시설) 등에서 소년의 비행행위를 발견 시 사전 예방조치의 일환으로 우범소년을 경찰에 의뢰하거나 직접 통고제도를 많이 활용하고 있는 추세입니다. 심리 상담이나 정신질환 치료, 품행교정을 받아야 하는데, 이를 거부하고 계속해서 비행을 저지르는 청소년에게 적절히 활용하면 좋을 것으로 생각됩니다.

관련 조문

「소년법」 제4조(보호의 대상과 송치 및 통고)

① 다음 각 호의 어느 하나에 해당하는 소년은 소년부의 보호사건으로 심리한다.

1. 죄를 범한 소년(범죄소년)

2. 형벌 법령에 저촉되는 행위를 한 10세 이상 14세 미만인 소년(촉법소년)

3. 다음 각 목에 해당하는 사유가 있고 그의 성격이나 환경에 비추어 앞으로 형벌 법령에 저촉되는 행위를 할 우려가 있는 10세 이상인 소년(우범소년)

　　가. 집단적으로 몰려다니며 주위 사람들에게 불안감을 조성하는 성벽(性癖)이 있는 것

　　나. 정당한 이유 없이 가출하는 것

　　다. 술을 마시고 소란을 피우거나 유해환경에 접하는 성벽이 있는 것

② 제1항 제2호 및 제3호에 해당하는 소년이 있을 때에는 경찰서장은 직접 관할 소년부에 송치(送致)하여야 한다.

③ 제1항 각 호의 어느 하나에 해당하는 소년을 발견한 보호자 또는 학교 · 사회복리시설 · 보호관찰소(보호관찰지소를 포함한다. 이하 같다)의 장은 이를 관할 소년부에 통고할 수 있다(통고제도).

〈표 3-1〉 **범죄소년, 촉법소년, 우범소년, 통고제도로 인한 가정법원의 소년보호처분의 종류**

구분	보호처분의 종류	기간/시간	대상 연령
1호	보호자 또는 보호자를 대신하여 소년을 보호할 수 있는 자에게 감호위탁	6개월 (6개월 연장 가능)	10세 이상
2호	수강명령	100시간 이내	12세 이상
3호	사회봉사명령	200시간 이내	14세 이상
4호	보호관찰관의 단기 보호관찰	1년	10세 이상
5호	보호관찰관의 장기 보호관찰	2년 (1년 연장 가능)	상동
6호	아동복지시설이나 그 밖의 소년보호시설에 감호위탁	6개월 (6개월 연장 가능)	상동
7호	병원, 요양소 또는 소년의료보호시설에 위탁	상동	상동
8호	1개월 이내의 소년원 송치	1개월 이내	상동
9호	단기 소년원 송치	6개월 이내	상동
10호	장기 소년원 송치	2년 이내	12세 이상

질문 18 　경찰 훈방제도 운영 유무　미성년자인 내담자가 편의점에서 과자류를 훔치다가 주인에게 발각되어 경찰서에서 조사를 받았다고 합니다. 전과기록이 남지 않게 경찰이 훈방해 주는 제도가 있나요?

답변　예, 현재 경찰 측에서 훈방제도를 실시하고 있습니다.

　경미한 소년범에 대하여 사회적인 낙인효과 제거 및 전과자 양산을 방지하고 실질적인 계도를 하기 위하여 각 경찰서 내 '선도심사위원회'에서 회의를 걸쳐 재범의 위험성이 없는 소년범에게 선도조건부로 '훈방' 또는 '즉결심판' 등의 처분을 내리는 제도가 있습니다.

관련 조문

- 「즉결심판에 관한 절차법(즉결심판법)」
- ┈▸ 경미한 범죄사건(20만 원 이하의 벌금·구류 또는 과료에 해당하는 사건)에 대하여 정식 형사소송 절차를 거치지 않고 경찰서장의 청구로 판사가 행하는 약식재판
- 「즉결심판절차법」 제1조(목적), 제3조(즉결심판의 청구), 제19조(형사소송법의 준용)
- 「소년업무규칙(경찰청 예규)」 제26조~제30조(운영사항 명시)

질문 19 습득한 타인의 신분증 부정 사용   미성년자인 내담자가 주점에서 술을 마시고 있는데, 경찰관이 불심검문을 해서 이전에 길거리에서 습득한 타인의 주민등록증(운전면허증)을 제시하였다고 합니다. 이러한 경우에 처벌을 받을 수 있나요? 그리고 타인의 신분증을 제시하지 않고 신분증을 안 가져왔다고 말하면서 타인의 주민등록번호를 불러 주었다고 합니다. 이럴 때도 처벌을 받나요?

답변 습득한 타인의 신분증 사용하거나 주민등록번호를 부정 사용하는 것은 모두 처벌 대상입니다.

청소년들이 술과 담배를 구입하고 유흥주점에 출입하기 위하여 때로는 길거리에서 타인의 신분증을 습득한 후 되돌려 주지 않고 본인이 사용하거나 친구들에게 판매하는 경우가 종종 있습니다. 이러한 경우 모두 처벌의 대상이 됩니다. 청소년기에 단순 호기심으로 한 행위가 범죄행위로 이어질 수 있습니다.

관련 조문

- 「형법」 제230조(타인의 주민등록증, 운전면허증을 부정 사용)
- ⋯▶ (벌칙) 2년 이하의 징역이나 금고 또는 500만 원 이하의 벌금
- 「형법」 제360조 제1항(유실물 또는 점유를 이탈한 물건을 습득 후 되돌려 주지 않고 본인이 가짐)
- ⋯▶ (벌칙) 1년 이하의 징역이나 300만 원 이하의 벌금 또는 과료

- 「주민등록법」 제37조 제8호(다른 사람의 주민등록증을 부정하게 사용)
···▶ (벌칙) 3년 이하의 징역 또는 3천만 원 이하의 벌금
- 「주민등록법」 제37조 제10호(다른 사람의 주민등록번호를 부정하게 사용)
···▶ (벌칙) 3년 이하의 징역 또는 3천만 원 이하의 벌금

질문 20 술, 담배 대리구매　청소년에게 웃돈을 받고 편의점에서 담배나 술을 사 주는 성인이 있다고 합니다. 이를 제재할 수 있는 방법이 있나요?

답변　대리구매 행위자를 법적 처벌하도록 규정되어 있습니다.

　청소년들이 직접 술, 담배를 구입하기 힘들어지자 지나가는 행인이나 노인들에게 웃돈을 지급하면서 부탁하는 경우가 있고, 최근에는 SNS 발달로 인해 트위터 등을 활용하여 대리구매가 성행하고 있습니다. 국가에서는 이런 행위를 방지하기 위하여 대리구매 행위자를 처벌할 수 있는 관련 규정을 마련해 놓은 상태입니다.

관련 조문

• 「청소년보호법」 제28조 제2항(청소년의 의뢰를 받아 술, 담배 등을 제공)

⋯▸ (벌칙) 제59조 제7호: 2년 이하의 징역 또는 2천만 원 이하의 벌금

04 · 정신병리 등 감경 또는 감면 사유

질문 21 충동조절장애를 가진 내담자 면책 가능 여부 충동조절장애를 가지고 있는 내담자가 우발적으로 남의 물건을 훔쳤다고 합니다. 정신질환으로 법적 처벌을 면할 수 있을까요?

답변 일괄적으로 판단하기보다는 충동조절과 범행과의 인과관계를 종합적으로 고려한 후 판단하여 감경할 수 있습니다.

청소년 사건뿐만 아니라 성인들의 사건에서도 피험의자가 이전 정신건강의학과에서 진료를 받은 확인서 또는 진단서를 수사기관 또는 법정에 제출하면서 선처를 호소하는 경우가 많이 있습니다. 예컨대, 청소년의 경우에는 ADHD(주의력결핍과잉행동장애), 충동성 조절 등 장애를 겪고 있다는 진료확인서를, 성인의 경우에는 우울증, 조현병 등의 치료를 받고 있다는 확인서를 제출하는 경우가 많이 있습니다. 피험의자 또는 그의 보호자들이 제출한 진료확인서 등은 수사기록 등에 모두 첨부할 수는 있지만 필수적으로 감경 혜택을 받는 것은 아닙니다. 범행 당시 심신상태 및 인과관계와의 밀접성 등을 종합적으로 고려하여 감경 또는 감면받을 수 있습니다. 하지만 피험의자가 평소 자신이 정신과 진료를 받고 있다는 점을 알고 자의적으로 사고를 일으킨 범죄 또는 고의로 술에 만취된 상황을 이용하여 범죄를 저지르는 행위는 법적 감경대상이 될 수 없습니다.

관련 조문

「형법」 제10조(심신장애인)

① 심신장애로 인하여 사물을 변별할 능력이 없거나 의사를 결정할 능력이 없는 자의 행위는 벌하지 아니한다.

② 심신장애로 인하여 전항의 능력이 미약한 자의 행위는 형을 감경할 수 있다.

③ 위험의 발생을 예견하고 자의로 심신장애를 야기한 자의 행위에는 전2항의 규정을 적용하지 아니한다.

관련 판례

대법원 판례 99도693(생리도벽사건, 충동조절장애)

원칙적으로 충동조절장애와 같은 성격적 결함은 형의 감면사유인 심신장애에 해당하지 아니하나, 도벽의 원인이 충동조절장애와 같은 성격적 결함이라 할지라도 그것이 매우 심각하여 원래의 의미의 정신병을 가진 사람과 동등하다고 평가할 수 있는 경우에는 그로 인한 절도범행은 심신장애로 인한 범행으로 보아야 한다.

대법원 판례 2018도7658, 2018전도54, 55, 2018보도6, 2018모2593(심신장애의 요건 및 심신장애의 유무를 판단하는 방법)

「형법」 제10조에 규정된 심신장애는 생물학적 요소로서 정신병 또는 비정상적 정신 상태와 같은 정신적 장애가 있는 외에 심리학적 요소로서 이와 같은 정신적 장애로 말미암아 사물에 대한 변별능력과 그에 따른 행위통제능력이 결여되거나 감소되었음을 요하므로, 정신적 장애가 있는 자라고 하여도 범행 당시 정상적인 사물변별능력이나 행위통제능력이 있었다면 심신장애로 볼 수 없다.

심신장애의 유무는 법원이 형벌제도의 목적 등에 비추어 판단하여야 할 법률문제로서 그 판단에 전문 감정인의 정신감정결과가 중요한 참고자료가 되기는 하나, 법원이 반드시 그 의견에 구속되는 것은 아니고, 그러한 감정결과뿐만 아니라 범행의 경위, 수단, 범행 전후의 피고인의 행동 등 기록에 나타난 여러 자료 등을 종합하여 독자적으로 심신장애의 유무를 판단하여야 한다.

질문 22 과거 형사책임 무능력자였을 때의 행위에 대한 소급 처벌 가능

여부   내담자(남, 21세)는 유명한 운동선수로 활동하고 있는데, 연락이 되지 않던 친구가 찾아와 예전에 폭행을 당한 것이 있으니 합의금을 주지 않으면 언론사에 제보하겠다고 협박을 하고 있다고 합니다. 사건 당시 만 13세였던 내담자가 소급해서 처벌을 당할 수 있나요?

답변 과거 형사책임 무능력자였을 때의 행위를 소급하여 처벌하는 것은 불가합니다.

최근 스포츠계 학교폭력 미투 사례가 증가하고 있는 추세입니다. 그리고 우리나라에서도 과거의 엘리트선수 위주의 운동보다는 선수의 인성을 중요시하고 있는 상황입니다. 이 사례는 가해 행위자가 사건 당시 형사미성년자였고, 단순 폭행죄의 법적인 공소시효(5년)가 지났기 때문에 처벌하는 것은 불가능합니다. 다만, 사건 당시 만 14세 이상이고 공소시효가 아직 남아 있는 상황이라면 소급하여 처벌할 수 있을 것으로 사료됩니다.

법적인 처벌의 유무를 떠나서 언론을 통해 유명 선수의 과거 비행행위가 들추어지면 운동선수로서의 명예 실추와 동시에 윤리적인 비난을 피할 수 없을 것이라 여겨집니다.

심신장애, 장애인 감경 여부   정신병리자 및 장애인들이
범죄를 저질렀을 때 모두 감경을 받나요?

답변 심신장애[1](정신병리)가 범행 전후에 미친 인과관계, 장애의 종류
에 따라 형의 감경 여부를 판단합니다.

심신장애자(정신병리자)는 심신상실자와 심신미약자로 구분하여
범행 전후와 정신질환의 인과관계를 종합적으로 판단하여 형을 감
면받거나 감경될 수 있습니다. 그리고 농아자에 대해서는 필요적
으로 감경하는 규정이 별도로 마련되어 있습니다. 다만, 위험의 발
생을 예견하고 자의(自意)로 심신장애를 야기한 행위자는 형을 면
하거나 감경하지 않습니다.

관련 조문

「형법」 제10조(심신장애인)
①심신장애로 인하여 사물을 변별할 능력이 없거나 의사를 결정할 능력이 없는
자의 행위는 벌하지 아니한다(심신상실자).
②심신장애로 인하여 전항의 능력이 미약한 자의 행위는 형을 감경할 수 있다
(심신미약자).
③위험의 발생을 예견하고 자의로 심신장애를 야기한 자의 행위에는 전2항의
규정을 적용하지 아니한다.

---

1) 심신장애: 인지, 지능, 언어, 정서 등의 장애.

「형법」 제11조(청각 및 언어 장애인)

듣거나 말하는 데 모두 장애가 있는 사람의 행위에 대해서는 형을 감경한다(필요적 감경).

※ 청각과 발음기능 모두에 장애가 있는 자, 즉 농(聾, 귀머거리)+아(啞, 벙어리)+자(者, 사람), 선천·후천적을 불문

「치료감호 등에 관한 법률」 제2조 제1항(치료감호대상자)

① 이 법에서 "치료감호대상자"란 다음 각 호의 어느 하나에 해당하는 자로서 치료감호시설에서 치료를 받을 필요가 있고 재범의 위험성이 있는 자를 말한다.

1. 「형법」 제10조 제1항(심신장애)에 따라 벌하지 아니하거나 같은 조 제2항에 따라 형을 감경할 수 있는 심신장애인으로서 금고 이상의 형에 해당하는 죄를 지은 자

2. 마약·향정신성의약품·대마, 그 밖에 남용되거나 해독(害毒)을 끼칠 우려가 있는 물질이나 알코올을 식음(食飮)·섭취·흡입·흡연 또는 주입받는 습벽이 있거나 그에 중독된 자로서 금고 이상의 형에 해당하는 죄를 지은 자

3. 소아성기호증(小兒性嗜好症), 성적가학증(性的加虐症) 등 성적 성벽(性癖)이 있는 정신성적 장애인으로서 금고 이상의 형에 해당하는 성폭력범죄를 지은 자

관련 판례

대법원 판례 90도1328(심신상실자, 심신미약자, 심신상실인정)

심신상실자는 사물변별능력, 즉 사물의 선악과 시비를 합리적으로 판단하여 구별할 수 있는 능력이 결여되거나 의사결정능력, 즉 사물을 변별한 바에 따라 의지를 정하여 자기의 행위를 통제할 수 있는 능력이 결여된 상태에 있는 자를 말하는 것이다. 반면, 심신미약자는 위와 같은 사물변별능력이나 의사결정능력이 결여된 정도는 아니고 미약한 상태에 있는 자를 말하는 것이다.

정신분열증으로 인하여 피해자를 '사탄'이라고 생각하고 그를 죽여야만 천당에 갈 수 있다고 믿어 살해한 경우 범행 당시 심신상실 상태에 있었다고 판단

대법원 판례 91도636(심신상실 인정)
심한 만성형 정신분열증에 따른 망상으로 인해 행인들의 머리를 이유 없이 도끼로 내리쳐 상해를 가한 경우 범행 당시 심신상실 상태에 있었다고 판단

대법원 판례 2014도5132(심신미약 인정, 정당한 사유가 있다고 봄)
공익근무요원인 피고인이 정당한 사유 없이 13일간 복무를 이탈하였다고 하여 「병역법」위반으로 기소된 사안(피고인은 유년시절부터 부모님이 이혼하는 등의 가정불화를 겪으면서 우울증이 발병한 점, 피고인을 치료하여 온 의사와 치료감호소장은 일치하여 피고인이 심한 우울증세로 정신운동성 저하, 대인관계 저하, 전반적인 무의욕 및 무력감 상태를 보이며 자살 위험이 있고, 공익근무요원으로 계속 복무하는 데 어려움이 있을 것으로 판단하고 있는 점 등의 제반 사정에 비추어 보아 심신미약 인정)
※ 술에 만취되어 심신상실 또는 심신미약 주장은 인정 X

대법원 판례 87도1240(심신장애판단)
피고인이 범행 당시 심신장애상태에 있었는지 여부를 판단함에는 반드시 전문가의 감정을 거쳐야 하는 것이 아니고, 범행의 경위, 수단, 범행 전후의 피고인의 행동 등을 종합하여 이를 판단하여도 위법이 아니다.

05 · 청소년 성범죄 및 내담자 보호조치

 미성년자 성매매 처벌 　미성년자인 내담자가 가출 후 용돈을 마련하기 위하여 원조교제를 하였다고 합니다. 돈을 받고 성매매를 한 청소년도 처벌받나요?

답변 　청소년은 피해자로 보아 처벌하지 않습니다.

　성인 여성(매매인)과 남성(매수인)의 경우에는 「성매매알선 등 행위의 처벌에 관한 법률」(제21조 제1항)에 따라 처벌을 받을 수 있지만, 청소년(19세 미만)의 경우 이 법률을 적용하지 않습니다. 청소년은 사회적 · 경제적으로 취약하고 판단 능력이 성숙하지 못한 자들로서, 그들이 성을 착취당하는 것을 예방, 보호 및 재활하기 위하여 지자체에서 법적 처벌 대신 교육을 하도록 규정되어 있습니다. 또한 비록 성인일지라도 비자발적 성매매자(성매매 피해자)는 처벌받지 않는데, 비자발적 성매매자에는 다음과 같은 네 가지 경우가 있습니다.

1. 성매매를 강요당한 자

2. 마약에 중독된 자

3. 청소년, 심신미약, 중대한 장애자

4. 인신매매를 당한 자

관련 조문

「성매매알선 등 행위의 처벌에 관한 법률(성매매처벌법)」

• 제2조 제1항(성매매 정의)

1. "성매매"란 불특정인을 상대로 금품이나 그 밖의 재산상의 이익을 수수(收受)하거나 수수하기로 약속하고 다음 각 목의 어느 하나에 해당하는 행위를 하거나 그 상대방이 되는 것을 말한다.

　　가. 성교행위

　　나. 구강, 항문 등 신체의 일부 또는 도구를 이용한 유사 성교행위

• 제6조 제1항(성매매피해자에 대한 처벌특례와 보호)

성매매피해자의 성매매는 처벌하지 아니한다.

• 제21조 제1항(성매매 벌칙)

성매매를 한 사람은 1년 이하의 징역이나 300만 원 이하의 벌금·구류 또는 과료(科料)에 처한다.

「아동·청소년의 성보호에 관한 법률(청소년성보호법)」

• 제2조 6의2(성매매 피해아동·청소년 정의)

• 제38조 제1항 (대상아동, 청소년에 대한 수사)

「성매매알선 등 행위의 처벌에 관한 법률」 제21조 제1항에도 불구하고 대상아동·청소년에 대하여는 보호 및 재활을 위하여 처벌하지 아니한다.

질문 25   촬영 시 동의를 받은 동영상 유포의 처벌 가능 여부   여자 내담자는 예전에 연인관계였던 남자 친구와 사귈 당시 서로 사랑하여 동의하에 성관계 동영상을 찍었다고 합니다. 그런데 남자 친구와 성격 차이로 헤어지자 남자 친구가 동의하에 찍은 동영상은 법에 저촉되지 않는다며 주변 지인들을 통해 유포하였다고 합니다. 촬영 시 동의를 받은 동영상을 유포한다고 해서 죄가 성립할까요?

답변   촬영 시 동의를 받은 성관계 영상이라도 유포하면 처벌을 받습니다.

앞서 여자 내담자의 사례처럼 대부분의 피해자는 최초 촬영 시 동의를 했으면 차후 유포되더라도 포괄적으로 그 책임이 자신에게 있을 것이라고 여길 때가 많습니다. 반대로 가해자들도 처음 촬영 시 동의를 받았으니까 유포해도 된다고 생각할 때가 많습니다.

하지만 「성폭력처벌법」 제14조 제1항에 촬영대상자의 동의 없는 촬영을 처벌하는 규정이 존재하고, 같은 법 제2항에서는 동의 없는 반포 등을 처벌하는 규정이 별도로 적시되어 있으므로 촬영에 대한 동의가 유포에 대한 동의까지 당연히 포함하고 있는 것은 아닙니다.

관련 조문

- 「성폭력범죄의 처벌 등에 관한 특례법」 제14조 제1항(동의 없는 촬영)
- ⋯→ (벌칙) 7년 이하의 징역 또는 5천만 원 이하의 벌금
- 「성폭력범죄의 처벌 등에 관한 특례법」 제14조 제2항(동의 없는 반포)
- ⋯→ (벌칙) 7년 이하의 징역 또는 5천만 원 이하의 벌금

질문 26 아동·청소년 음란물을 소지만 하더라도 처벌 가능 여부　남자 내담자(19세)는 SNS에서 검색하던 중 우연히 여고생의 나체 사진과 야한 동영상을 보고 호기심에 자신의 휴대폰에 저장한 채 다니다가 경찰관에게 적발되었다고 합니다. 이럴 경우 유포하지 않았는데도 처벌받을 수 있나요?

답변 아동·청소년의 나체 사진이나 야한 동영상을 소지하거나 시청하면 처벌을 받습니다.

　사진이나 동영상 속에 출연하는 음란물의 주체가 아동·청소년이라는 사실을 알면서 이를 소지하거나 시청하는 경우에는 처벌을 받습니다. 보통 지인이 보내 준 음란물을 아동·청소년 음란물인지 모르고 다운로드 받았다가 삭제한 경우에는 고의성이 입증되지 않아 처벌되지 않습니다. 하지만 아동·청소년 음란물인 줄 알면서 다운로드 받았다가 삭제한 경우에는 다운로드 받는 순간, 아동·청소년 음란물 소지죄로 처벌 받을 수 있습니다.

관련 조문

「아동 · 청소년의 성보호에 관한 법률」 제2조(정의)

"아동 · 청소년"이란 19세 미만의 자를 말한다. 다만, 19세에 도달하는 연도의 1월 1일을 맞이한 자는 제외한다(제2조 제1호).

"아동 · 청소년성착취물"이란 아동 · 청소년 또는 아동 · 청소년으로 명백하게 인식될 수 있는 사람이나 표현물이 등장하여 성교 및 유사성행위 등을 하거나 그 밖의 성적 행위를 하는 내용을 표현하는 것으로서 필름 · 비디오물 · 게임물 또는 컴퓨터나 그 밖의 통신매체를 통한 화상 · 영상 등의 형태로 된 것을 말한다(제2조 제5호).

「아동 · 청소년의 성보호에 관한 법률」 제11조 제5항

아동 · 청소년성착취물을 구입하거나 이를 알면서 소지 · 시청한 자

⋯▸ (벌칙) 1년 이상의 징역

질문 27   **불법 성관계 영상 재전송 처벌**   남자 내담자는 지인이 불법 촬영한 성관계 영상물을 메신저로 받은 후 친구에게 재전송해 주었다고 합니다. 그러다가 갑자기 경찰서에서 출석 요구를 하여 조사를 받고 왔다고 하는데, 재전송해 준 것도 처벌 대상인가요?

답변   불법 성관계 영상을 재전송해도 처벌을 받습니다.

「성폭력처벌법」상 카메라등이용촬영죄와 정보통신망법 음란물 유포죄에 따르면 이미 유포된 영상을 재유포한 경우에도 유포죄로 처벌을 받습니다.

판례에도 정보통신망을 통해 급속도로 확산되는 피해는 누가 유포하든 동일하며, 재유포하는 행위로 인해 피해자의 피해는 영원히 계속된다는 점에서 최초 유포자와 동일하게 처벌한다고 판시하고 있습니다.

관련 조문

「성폭력처벌법」 제4조(카메라 등을 이용한 촬영)

① 카메라나 그 밖에 이와 유사한 기능을 갖춘 기계장치를 이용하여 성적 욕망 또는 수치심을 유발할 수 있는 사람의 신체를 촬영내담자의 의사에 반하여 촬영한 자는 7년 이하의 징역 또는 5천만 원 이하의 벌금에 처한다.

② 제1항에 따른 촬영물 또는 복제물(복제물의 복제물을 포함한다. 이하 이 조에서 같다)을 반포·판매·임대·제공 또는 공공연하게 전시·상영(이하 "반포 등"이라 한다)한 자 또는 제1항의 촬영이 촬영 당시에는 촬영내담자의 의사에 반하지 아니한 경우(자신의 신체를 직접 촬영한 경우를 포함한다)에도 사후에 그 촬영물 또는 복제물을 촬영내담자의 의사에 반하여 반포 등을 한 자는 7년 이하의 징역 또는 5천만 원 이하의 벌금에 처한다.

③ 영리를 목적으로 촬영내담자의 의사에 반하여 「정보통신망 이용촉진 및 정보보호 등에 관한 법률」 제2조 제1항 제1호의 정보통신망(이하 "정보통신망"이라 한다)을 이용하여 제2항의 죄를 범한 자는 3년 이상의 유기징역에 처한다.

④ 제1항 또는 제2항의 촬영물 또는 복제물을 소지·구입·저장 또는 시청한 자는 3년 이하의 징역 또는 3천만 원 이하의 벌금에 처한다.

「정보통신망법」 위반 제44조의7 제1항 제1호

음란한 부호·문언·음향·화상 또는 영상을 배포·판매·임대하거나 공공연하게 전시하는 내용의 정보를 유통

⋯▸ (벌칙) 제74조 제1항 제2호: 1년 이하의 징역 또는 1천만 원 이하의 벌금

질문 28 미성년자 임신중절수술　상담 중 고등학교 여학생이 임신 사실을 알렸습니다. 학생은 임신중절수술을 하기를 원합니다. 부모님께 이 사실을 알려야 할까요? 학생은 부모님에게 절대 알리지 말아 달라고 이야기하는데, 알리지 않고 수술을 하도록 두어야 하는 것일까요? 이럴 경우 상담윤리 강령에 따른 책임을 물을 소지가 있을까요?

답변 법률적인 해석은 논란이 있으나, 내담자의 나이, 임신 주수 등을 확인 후 신중하게 판단해야 합니다.

간혹 상담사 중 내담자를 적극적으로 돕기 위해서 임신중절수술을 하는 병원까지 동행하여 보호자의 역할을 대신하는 경우가 있는데, 민·형사적인 책임을 고려하여 현명한 판단을 하셔야 합니다.

실무상 미성년자가 임신하는 경우는 매우 다양합니다. 어쩌다가 사귀던 남자 친구와 성관계를 하였는데 원하지 않은 임신이 된 경우도 있고, 가출한 친구들끼리 '가출팸'을 형성하여 생활하다가 이성과 원치 않는 성관계를 하여 임신이 된 경우도 있고, 생활비를 벌기 위해 성매매를 하다가 임신하였을 경우도 있습니다. 그뿐만 아니라 여러 상황이 중첩적으로 이루어져 실제 누구와 성관계를 하다가 임신이 되었는지 모르는 경우도 많이 있습니다.

그리고 미성년자들은 상담사와 상담을 할 때 자신의 일이 커지는 것을 방지하기 위하여 실제 있었던 일을 축소하거나 왜곡하여 진술하는 경우가 많이 있습니다. 수사를 하는 경찰관도 성과 관련된 조사를 할 때는 진술의 신빙성을 담보할 수 있는 근거가 있는지 확인하고, 심지어 진술분석을 의뢰하여 진술의 타당성을 확인합니다.

한편, 임신의 기간에 따라 병원에서 임신중절수술을 하는 방법이 다른데, 수술 도중 예상치 못한 의료사고 등으로 임부의 몸이 상하여 추가적으로 법률적인 문제가 발생하거나 뒤늦게 사실을 알게 된 보호자가 찾아와 항의하는 경우도 전혀 배제할 수 없습니다. 그렇기 때문에 보호자가 없다는 미성년자의 애틋한 사정만 듣고 적극적으로 도움을 주려고 하다가 오히려 곤경에 처하는 일이 발생할 수 있습니다.

이러한 사정을 종합적으로 판단해 보면 현재 입법예고 중인 낙태죄의 개정안이 확정되었을 때, 그 내용을 살펴보고 미성년자의 법정대리인이나 보호자와 함께 처리하는 것이 현실적으로 바람직해 보입니다.

이 외에도 2020년 신설된 「형법」 조문 제305조 제2항(미성년자에 대한 간음, 추행)의 내용을 살펴보면, 13세 이상 16세 미만의 사람에 대하여 간음 또는 추행을 한 19세 이상의 자는 폭행, 협박 등을 수반하지 않고 성관계를 가지더라도 강간, 강제추행 등의 혐의와 동일하게 처벌하도록 규정되어 있기 때문에 임신한 여성의 나이 또한 중요한 판단 요소입니다. 자칫 잘못하면 성범죄피해자가 받을 수 있는 국가의 조력 기회를 상담사의 과실로 잃게 만들고, 수사기관에서 수집해야 할 증거를 없애는 결과를 낳을 수도 있습니다.

현재 형법에서는 「모자보건법」(제14조 제1항) 등 낙태죄의 특수한 위법성조각사유를 제외하고는 임신한 부녀가 약물 기타 방법으로 낙태죄(「형법」 제269조)를 저지르는 것을 처벌하는 규정이 있습니다. 하지만 이 법과 관련하여 여론의 논란이 많았고, 헌법재판소에서는 이 법이 임신한 여성의 자기결정권을 과잉 침해한 위헌이므로 2020년 12월 31일까지 해당 법 조항을 개정하라는 결정 또한 있었습니다. 하지만 2021년 개정된 법이 마련되지 않아 실효성을 잃게 되어 법의 정비가 시급한 시점입니다.

정부의 입법예고안을 보면 먼저 자연유산 유도약물을 허용하고, 약물이나 수술 등 의학적 방법으로 시술방법을 구체화함으로써 시술방법의 선택권을 확대한다고 합니다. 또한 보건소(모자보건실)와 비영리법인 등(보건복지부장관 또는 시·도지사 지정)에 임신·출산 종합상담기관을 설치·지정하여 임신한 여성과 가족에게 정서적 지지, 지원정책 정보 제공 등 임신의 유지 여부에 관한 사회심리적 상담을 제공하고 임신의 유지·종결에 관한 상담사실 확인서를 발급할 수 있도록 규정한다고 합니다.

또한 만 16세 이상의 경우 미성년자가 법정대리인의 동의받기를 거부하는 등 불가피한 경우 상담사실 확인서만으로 시술할 수 있으며, 만 16세 미만은 법정대리인의 부재 또는 법정대리인에 의한 폭행·협박 등 학대로 법정대리인의 동의를 받을 수 없는 경우 이를 입증할 공적 자료와 임신·출산 종합상담기관의 상담사실 확인서 등으로 시술할 수 있다고 합니다. 하지만 이러한 개정안이 실제 적용되는 시점까지는 미성년자인 임부의 건강과 태아의 생명을 모두 고려한 판단이 요구됩니다. 덧붙여 낙태 전 보건소 등에서 행하는 상담은 낙태를 장려하기 위한 목적으로 하는 것이 아니라 임부의 정신적 · 경제적 문제를 상담하고 보호자와의 관계 등을 종합적으로 파악하기 위한 것이고, 상담사실 확인서 또한 낙태를 수월하도록 하기 위한 서류가 아닐 것이라 사료됩니다.

관련 조문

「형법」제269조 제1항(부녀가 약물 기타 방법으로 낙태한 때)

⋯▸ (벌칙) 1년 이하의 징역 또는 200만 원 이하의 벌금

「모자보건법」제14조(인공임신중절수술의 허용한계)

① 의사는 다음 각 호의 어느 하나에 해당되는 경우에만 본인과 배우자(사실상의 혼인관계에 있는 사람을 포함한다. 이하 같다)의 동의를 받아 인공임신중절수술을 할 수 있다.

1. 본인이나 배우자가 대통령령으로 정하는 우생학적 또는 유전학적 정신장애나 신체질환이 있는 경우
2. 본인이나 배우자가 대통령령으로 정하는 전염성 질환이 있는 경우
3. 강간 또는 준강간(準強姦)에 의하여 임신된 경우
4. 법률상 혼인할 수 없는 혈족 또는 인척 간에 임신된 경우
5. 임신의 지속이 보건의학적 이유로 모체의 건강을 심각하게 해치고 있거나 해칠 우려가 있는 경우

② 제1항의 경우에 배우자의 사망 · 실종 · 행방불명, 그 밖에 부득이한 사유로 동의를 받을 수 없으면 본인의 동의만으로 그 수술을 할 수 있다.

③ 제1항의 경우 본인이나 배우자가 심신장애로 의사표시를 할 수 없을 때에는 그 친권자나 후견인의 동의로, 친권자나 후견인이 없을 때에는 부양의무자의 동의로 각각 그 동의를 갈음할 수 있다.

「모자보건법 시행령」 제15조(인공임신중절수술의 허용한계)

① 법 제14조에 따른 인공임신중절수술은 임신 24주일 이내인 사람만 할 수 있다.

② 법 제14조 제1항 제1호에 따라 인공임신중절수술을 할 수 있는 우생학적 또는 유전학적 정신장애나 신체질환은 연골무형성증, 낭성섬유증 및 그 밖의 유전성 질환으로서 그 질환이 태아에 미치는 위험성이 높은 질환으로 한다.

③ 법 제14조 제1항 제2호에 따라 인공임신중절수술을 할 수 있는 전염성 질환은 풍진, 톡소플라즈마증 및 그 밖에 의학적으로 태아에 미치는 위험성이 높은 전염성 질환으로 한다.

「형법」 제305조(미성년자에 대한 간음, 추행)

① 13세 미만의 사람에 대하여 간음 또는 추행을 한 자는 제297조(강간), 제297조의2(유사강간), 제298조(강제추행), 제301조(강간 등 상해ㆍ치상) 또는 제301조의2(강간 등 살인ㆍ치사)의 예에 의한다.

② 13세 이상 16세 미만의 사람에 대하여 간음 또는 추행을 한 19세 이상의 자는 제297조, 제297조의2, 제298조, 제301조 또는 제301조의2의 예에 의한다.

질문 29 | 수사기관에 성폭력 피해자의 심리기록지 제출 가능 여부   제가 상담하는 내담자가 성폭력 피해를 입어서 현재 수사기관에 사건이 접수되어 진행 중에 있는 상황입니다. 이때 상담사가 내담자의 심리적인 상황을 기재하여 수사기관이나 법원에 제출할 수 있나요? 이와 관련하여 법적 근거가 있으면 알려 주세요.

답변 | 수사기관이나 법원에 심리기록지를 제출할 수 있습니다.

비단 성폭력 피해 사건뿐만 아니라 여타 피해 사건 및 가해 사건 등에 추가적인 참고자료를 수사기관이나 법원에 제출할 수 있습니다. 다만, 이때 상담사가 주의해야 할 사항은 본인이 상담한 내용이 100% 객관적인 사실이 아닐 수 있음을 감안하여 중립적인 입지에서 참고자료를 작성하여 제출하는 것입니다.

관련 조문

「인권보호를 위한 경찰관 직무규칙」 제68조 제3항

⋯▸ 가정폭력, 성폭력 등의 범죄피해자 등을 조사할 때는 상담·치료기록을 확인하고, 필요한 경우 기록을 첨부하거나 상담원 또는 전문의 등의 소견을 참고할 수 있다.

질문 30 가정폭력 가해자의 임시조치 위반 시 추가 제재   가정폭력 피해 여성을 상담 중인데, 남편이 법원의 임시조치 (100m 접근금지 규정)를 위반하여 재차 폭력을 행사하려고 합니다. 임시조치 위반 시 추가적으로 제재를 가하는 방법이 있나요?

답변 가해자가 임시조치를 위반하여 피해자에게 접근하여 추가적인 폭력을 행사하려고 한다면 사안에 따라 처분 변경을 신청하거나 경찰에서 구속영장을 신청할 수 있습니다.

2021년 1월에 개정된 법을 보면, 가정폭력의 가해자가 임시조치를 위반하면 그 자체만으로 현행범인으로 체포되어 재차 처벌을 받을 수 있습니다. 더불어 임시조치 유형에도 주거지, 직장 등 장소뿐만 아니라 사람(피해자, 가정구성원)에 대해서도 100m 접근금지 조치가 가능하게 되었습니다.

관련 조문

「가정폭력범죄의 처벌 등에 관한 특례법」

제5조(가정폭력범죄에 대한 응급조치)

진행 중인 가정폭력범죄에 대하여 신고를 받은 사법경찰관리는 즉시 현장에 나가서 다음 각 호의 조치를 하여야 한다.

1. 폭력행위의 제지, 가정폭력행위자 · 피해자의 분리 및 범죄수사

2. 피해자를 가정폭력 관련 상담소 또는 보호시설로 인도(피해자가 동의한 경우만 해당한다)

3. 긴급치료가 필요한 피해자를 의료기관으로 인도

4. 폭력행위 재발 시 제8조에 따라 임시조치를 신청할 수 있음을 통보

제8조(임시조치의 청구 등)

① 검사는 가정폭력범죄가 재발될 우려가 있다고 인정하는 경우에는 직권으로 또는 사법경찰관의 신청에 의하여 법원에 제29조 제1항 제1호 · 제2호 또는 제3호의 임시조치를 청구할 수 있다.

② 검사는 가정폭력행위자가 제1항의 청구에 의하여 결정된 임시조치를 위반하여 가정폭력범죄가 재발될 우려가 있다고 인정하는 경우에는 직권으로 또는 사법경찰관의 신청에 의하여 법원에 제29조 제1항 제5호(국가경찰관서의 유치장 또는 구치소에의 유치)의 임시조치를 청구할 수 있다.

제8조의2(긴급임시조치)

① 사법경찰관은 제5조에 따른 응급조치에도 불구하고 가정폭력범죄가 재발될 우려가 있고, 긴급을 요하여 법원의 임시조치 결정을 받을 수 없을 때에는 직권 또는 피해자나 그 법정대리인의 신청에 의하여 제29조 제1항 제1호부터 제3호까지의 어느 하나에 해당하는 조치(이하 "긴급임시조치"라 한다)를 할 수 있다.

제29조(임시조치)

① 판사는 가정보호사건의 원활한 조사 · 심리 또는 피해자 보호를 위하여 필요하다고 인정하는 경우에는 결정으로 가정폭력행위자에게 다음 각 호의 어느 하나에 해당하는 임시조치를 할 수 있다.

1. 피해자 또는 가정구성원의 주거 또는 점유하는 방실(房室)로부터의 퇴거 등 격리

2. 피해자 또는 가정구성원의 주거 · 직장 등에서 100미터 이내의 접근 금지

3. 피해자 또는 가정구성원에 대한 「전기통신기본법」 제2조 제1호의 전기통신을 이용한 접근 금지

4. 의료기관이나 그 밖의 요양소에의 위탁

5. 국가경찰관서의 유치장 또는 구치소에의 유치

6. 상담소등에의 상담위탁

제63조(보호처분 등의 불이행죄)

② 정당한 사유 없이 제29조 제1항 제1호부터 제3호까지(임시조치)의 어느 하나에 해당하는 임시조치를 이행하지 아니한 가정폭력행위자는 1년 이하의 징역 또는 1천만 원 이하의 벌금 또는 구류에 처한다.

질문 31 성폭력 보복 위험을 차단하기 위한 보완장치 여부   내담자가 지인에게 성폭력을 당하여 경찰에 신고하였는데, 범인이 조사를 받고 바로 풀려나 향후 보복의 위험이 있어서 심리적으로 매우 불안하다고 합니다. 이를 위한 법적인 보완장치가 있을까요?

답변 성폭력 보복 위험을 차단하기 위한 법적인 보완장치가 마련되어 있습니다.

우선 피해자가 수사기관에서 진술 조서를 받을 때 향후 가해자의 보복의 위험성이 있다는 것을 구체적인 정황을 들어 진술하는 것이 중요합니다. 이러한 진술은 수사기관에서 범인을 조사 후 구속영장을 신청(청구)하는 사유로 작용될 수 있기 때문입니다.

그리고 조사 후 수사담당자 또는 경찰서 피해자전담경찰관(수사지원팀)에게 신변보호요청을 신청할 수 있습니다. 사안에 따라 SOS 긴급호출 기기 또는 신고자 주소지 주변 순찰, 신변보호 등 여러 법적인 공공서비스를 받을 수 있습니다. 또한 「범죄피해자 보호법」은 성폭력 범죄뿐만 아니라 여타 범죄피해자도 동일하게 피해자 보호를 위한 법적인 보완장치를 받을 수 있도록 마련되어 있습니다.

질문 32 스토킹 구제 방법 여자 내담자가 다니는 학교 근처에 재학 중인 남학생이 지속적으로 사귈 것을 요청하면서 하교 후 교문에서 기다리고, 집까지 미행을 해서 힘들다고 합니다. 법적인 구제 방법이 있나요?

답변 경찰에 112신고 등으로 도움을 받을 수 있습니다.

경미한 스토킹행위가 단순한 괴롭힘으로 끝나기보다는 한 단계 발전되어 강력범죄로 이어지는 경우가 지속적으로 증가하고 있으며, 이로 인하여 피해자에게는 지울 수 없는 트라우마가 남게 됩니다. 이와 같이 스토킹 피해 관련 112신고를 하면 경찰에서는 최근 스토킹 신고이력을 확인한 후 적극적인 현장 조치를 취하고 법적인 보호, 지원 내용을 피해자에게 고지해 주고 있습니다.

그리고 「스토킹범죄의 처벌 등에 관한 법률」(2021. 4. 20. 제정)이 2021. 10. 21.경부터 시행됨에 따라 해당 범죄자는 한층 강화된 처벌을 받을 것으로 예상됩니다. 여태껏 스토킹행위는 존재하였지만 이에 맞는 법이 제대로 제정되지 않아 「경범죄 처벌법」(10만 원 이하의 벌금, 구류, 과료로 처벌)을 적용하여 행위를 처벌하다 보니 행위자의 강제처분보다는 피해자의 사후 보호, 지원 사례가 많았습니다. 하지만 2021. 10. 21.경부터는 신설된 법률에 의해 행위를 강력하게 규제할 수 있는 제도의 기반이 마련되었습니다.

새로 제정된 법률안을 살펴보면 '스토킹행위'가 무엇인지 정의하

고 있으며, '스토킹범죄'는 지속적 또는 반복적 행위를 요건으로 한
다는 내용이 규정되어 있습니다.

　질문 32의 내용을 보면 지속적으로 남학생이 여학생를 따라다니
는 행위로 신설된 스토킹 관련 법률의 구성요건을 충족하는 사례
로 볼 수 있습니다. 따라서 해당 질문과 같이 스토킹 행위자(남학
생)는 범죄 현장에서 현행범인으로 체포될 수 있으며, 사법경찰관
이 직권 또는 스토킹행위의 상대방이나 그 법정대리인 또는 스토
킹행위를 신고한 사람의 요청에 의하여 '긴급응급조치'를 할 수 있
습니다.

　그뿐만 아니라 스토킹범죄가 반복적이지 않더라도 재발될 우려
가 있다고 인정되면 검사의 직권 또는 사법경찰관의 신청에 따라
법원에 '잠정조치의 청구'를 할 수도 있습니다.

관련 조문 (「스토킹범죄의 처벌 등에 관한 법률」 시행 이전 구법)

「경범죄처벌법」 제3조 제1항 제41호(지속적 괴롭힘)
상대방의 명시적 의사에 반하여 지속적으로 접근을 시도하여 면회 또는 교제를
요구하거나 지켜보기, 따라다니기, 잠복하여 기다리기 등의 행위를 반복하여 하
는 사람
⋯ (벌칙) 제3조 제1항: 10만 원 이하의 벌금, 구류 또는 과료의 형

「경범죄처벌법」 제3조 제1항 제40호(장난전화 등)
정당한 이유없이 전화, 문자, 편지 등을 여러 차례 되풀이하여 괴롭힘
⋯ (벌칙) 제3조 제1항: 10만 원 이하의 벌금, 구류 또는 과료의 형

「경범죄처벌법」 제3조 제1항 제19호(불안감조성)

정당한 이유없이 길을 막거나 모여들거나 뒤따르거나 겁을 주어 불안, 불쾌하
게 함

⋯→ (벌칙) 제3조 제1항: 10만 원 이하의 벌금, 구류 또는 과료의 형

「정보통신망법」 제44조의7 제1항 제3호

공포심이나 불안감을 유발하는 부호, 문언, 음향, 화상 또는 영상을 반복적으로
상대방에게 도달하도록 하는 내용의 정보

⋯→ (벌칙) 제74조 제1항 제3호: 1년 이하의 징역 또는 1천만 원 이하의 벌금

그 외에 사안에 따라 폭행, 협박, 주거침입 등 관련 법률에 의한 처벌 가능

관련 조문 (「스토킹범죄의 처벌 등에 관한 법률」 시행 이후의 신법)

「스토킹범죄의 처벌 등에 관한 법률」 제2조(정의)

1. "스토킹행위"란 상대방의 의사에 반하여 정당한 이유 없이 상대방 또는 그의
   동거인, 가족에 대하여 다음 각 목의 어느 하나에 해당하는 행위를 하여 상대
   방에게 불안감 또는 공포심을 일으키는 것을 말한다.
   가. 접근하거나 따라다니거나 진로를 막아서는 행위
   나. 주거, 직장, 학교, 그 밖에 일상적으로 생활하는 장소 또는 그 부근에서
   기다리거나 지켜보는 행위
   다. 우편, 전화, 팩스 또는 정보통신망을 이용하여 물건이나 글, 말, 부호, 음
   향, 그림, 영상, 화상을 도달하게 하는 행위
   라. 직접 또는 제3자를 통하여 물건 등을 도달하게 하거나 주거 등 또는 그
   부근에 물건 등을 두는 행위
   마. 주거 등 또는 그 부근에 놓여져 있는 물건 등을 훼손하는 행위
2. "스토킹범죄"란 지속적 또는 반복적으로 스토킹행위를 하는 것을 말한다.

「스토킹범죄의 처벌 등에 관한 법률」 제18조 제1항(스토킹 범죄 저지른 사람)

⋯➛ (벌칙) 3년 이하의 징역 또는 3천만 원 이하의 벌금

※동법 제18조 제3항: 동법 제1항의 범죄에 대해서는 피해자가 구체적으로 밝힌 의사에 반하여 공소를 제기할 수 없다. 즉, 피해자가 처벌을 원하지 않으면 처벌할 수 없다.

「스토킹범죄의 처벌 등에 관한 법률」 제18조 제2항(흉기 또는 그 밖의 위험한 물건을 휴대하거나 이용하여 스토킹 범죄 저지른 사람)

⋯➛ (벌칙) 5년 이하의 징역 또는 5천만 원 이하의 벌금

「스토킹범죄의 처벌 등에 관한 법률」 제3조(스토킹행위 신고 등에 대한 응급조치)

사법경찰관리는 진행 중인 스토킹행위에 대하여 스토킹범죄 신고를 받은 즉시 현장에 나가 다음 각 호의 조치를 하여야 한다.

1. 스토킹행위의 제지, 향후 스토킹행위의 중단 통보 및 스토킹행위를 지속적 또는 반복적으로 할 경우 처벌 경고
2. 스토킹행위자와 피해자의 분리 및 범죄수사
3. 피해자 등에 대한 긴급응급조치 및 잠정조치 요청의 절차 등 안내
4. 스토킹 피해 관련 상담소 또는 보호시설로의 피해자 등 인도(피해자가 동의한 경우만 해당한다)

제4조(긴급응급조치)

① 사법경찰관은 스토킹행위 신고와 관련하여 스토킹행위가 지속적 또는 반복적으로 행하여질 우려가 있고, 스토킹범죄의 예방을 위하여 긴급을 요하는 경우 스토킹행위자에게 직권으로 또는 스토킹행위의 상대방이나 그 법정대리인 또는 스토킹행위를 신고한 사람의 요청에 의하여 다음 각 호에 따른 조치를 할 수 있다.

1. 스토킹행위의 상대방이나 그 주거 등으로부터 100미터 이내의 접근 금지
2. 스토킹행위의 상대방에 대한 「전기통신기본법」 제2조 제1호의 전기통신을

이용한 접근 금지

제9조(스토킹행위자에 대한 잠정조치)

① 법원은 스토킹범죄의 원활한 조사·심리 또는 피해자 보호를 위하여 필요하다고 인정하는 경우에는 결정으로 스토킹행위자에게 다음 각 호의 어느 하나에 해당하는 잠정조치를 할 수 있다.

1. 피해자에 대한 스토킹범죄를 중단할 것을 서면 경고

2. 피해자나 그 주거 등에서 100미터 이내의 접근 금지

3. 피해자에 대한 「전기통신기본법」 제2조 제1호의 전기통신을 이용한 접근 금지

4. 국가경찰관서의 유치장 또는 구치소에의 유치

② 제1항 각 호의 잠정조치는 병과(倂科)할 수 있다.

③ 법원은 잠정조치를 결정한 경우에는 검사와 피해자 및 그 법정대리인에게 통지하여야 한다.

⑤ 법원은 제1항 제2호 및 제3호에 따른 잠정조치기간은 2개월, 같은 항 제4호에 따른 잠정조치기간은 1개월을 초과할 수 없다. 다만, 피해자의 보호를 위하여 그 기간을 연장할 필요가 있다고 인정하는 경우에는 결정으로 제1항 제2호 및 제3호에 따른 잠정조치에 대하여 두 차례에 한정하여 각 2개월의 범위에서 연장할 수 있다.

06 · 상담사의 의무와 권리보호

질문 33 상담사의 가정폭력 신고의무 제가 상담하고 있는 내담자(가정폭력 피해자)는 가해자인 남편 몰래 상담을 받고 있습니다. 저는 가정폭력을 신고함으로써 내담자를 보호하고 싶은데, 행여 이 과정에서 내담자의 상담 사실이 들통날까 염려됩니다. 또한 내담자는 남편과 헤어지고 싶지 않으며 아이들을 위해서라도 가정을 유지하고 싶어 합니다. 가정폭력의 경우에도 신고의무가 있는지 궁금합니다.

답변 법률적으로 신고의무자로 규정된 자에게만 신고의무가 부과됩니다.

예전에는 가정폭력을 가족 내부의 문제로 인식하여 국가에서 개입하는 것이 소극적이었으나, 가정폭력 특성상 공개적이지 아니한 장소에서 지속적이고 반복적으로 일어나 그 피해가 심각해짐에 따라 해당 법률에 신고의무자를 규정해 놓고 있습니다. 대체로 업무상 가족구성원을 밀접하게 대면·관찰 할 수 있는 사람에게 의무를 부과하고 있습니다. 다음의 조문을 살펴보면 주로 학교, 시설, 의료기관, 사회복지시설, 가정폭력 상담소 등에 종사하는 직원과 기관장에게 신고의무를 부과하고 있으며, 이를 위반 시 300만 원

이하의 과태료를 부과하도록 규정해 놓고 있습니다. 덧붙여 실무
상 알고 있어야 할 부분은 '가정구성원'의 개념인데, 현재의 법률상
혼인관계인 사람뿐만 아니라 혼인관계였던 사람, 법률상 혼인관계
는 아니지만 사실상 혼인 관계에 있는 사람, 사실상 혼인관계였던
사람을 모두 포함하고 있음을 알고 있어야 합니다.

관련 조문

「가정폭력범죄의 처벌 등에 관한 특례법」
제2조(정의)
1. "가정폭력"이란 가정구성원 사이의 신체적, 정신적 또는 재산상 피해를 수반
   하는 행위를 말한다.
2. "가정구성원"이란 다음 각 목의 어느 하나에 해당하는 사람을 말한다.
   가. 배우자(사실상 혼인관계에 있는 사람을 포함한다. 이하 같다) 또는 배우
       자였던 사람
   나. 자기 또는 배우자와 직계존비속관계(사실상의 양친자관계를 포함한다.
       이하 같다)에 있거나 있었던 사람
   다. 계부모와 자녀의 관계 또는 적모(嫡母)와 서자(庶子)의 관계에 있거나 있
       었던 사람
   라. 동거하는 친족

제4조(신고의무 등)
① 누구든지 가정폭력범죄를 알게 된 경우에는 수사기관에 신고할 수 있다.
② 다음 각 호의 어느 하나에 해당하는 사람이 직무를 수행하면서 가정폭력범죄
를 알게 된 경우에는 정당한 사유가 없으면 즉시 수사기관에 신고하여야 한다.
1. 아동의 교육과 보호를 담당하는 기관의 종사자와 그 기관장
2. 아동, 60세 이상의 노인, 그 밖에 정상적인 판단 능력이 결여된 사람의 치료
   등을 담당하는 의료인 및 의료기관의 장

3. 「노인복지법」에 따른 노인복지시설, 「아동복지법」에 따른 아동복지시설, 「장
   애인복지법」에 따른 장애인복지시설의 종사자와 그 기관장
4. 「다문화가족지원법」에 따른 다문화가족지원센터의 전문인력과 그 장
5. 「결혼중개업의 관리에 관한 법률」에 따른 국제결혼중개업자와 그 종사자
6. 「소방기본법」에 따른 구조대 · 구급대의 대원
7. 「사회복지사업법」에 따른 사회복지 전담공무원
8. 「건강가정기본법」에 따른 건강가정지원센터의 종사자와 그 센터의 장
③ 「아동복지법」에 따른 아동상담소, 「가정폭력방지 및 피해자보호 등에 관한 법
률」에 따른 가정폭력 관련 상담소 및 보호시설, 「성폭력방지 및 피해자보호 등에
관한 법률」에 따른 성폭력피해상담소 및 보호시설(이하 "상담소 등"이라 한다)
에 근무하는 상담원과 그 기관장은 피해자 또는 피해자의 법정대리인 등과의 상
담을 통하여 가정폭력범죄를 알게 된 경우에는 가정폭력 피해자의 명시적인 반
대 의견이 없으면 즉시 신고하여야 한다.

제66조(과태료)
다음 각 호의 어느 하나에 해당하는 사람에게는 300만 원 이하의 과태료를 부과
한다.
1. 정당한 사유 없이 제4조 제2항 각 호의 어느 하나에 해당하는 사람으로서
   그 직무를 수행하면서 가정폭력범죄를 알게 된 경우에도 신고를 하지 아니
   한 사람

질문 34 내담자가 상담사 위협 시 법적 처벌 외에 신변보호요청 가능 여부   상담 중에 있는 내담자가 '가만두지 않겠다.' '밤길 조심해!'와 같은 문자를 보내거나 수시로 전화하여 상담사를 위협합니다. 이런 경우 상담사가 법적 고소 외에 별도로 신변보호요청을 할 수 있나요?

답변 예, 경찰에 법적인 고소 외에도 추가로 신변보호요청을 할 수 있습니다.

「정보통신망 이용촉진 및 정보보호 등에 관한 법률」에서는 공포심이나 불안감을 유발하는 부호·문언·음향·화상 또는 영상을 반복적으로 상대방에게 도달하게 한 자를 처벌하도록 규정하고 있습니다. 또한 「형법」상 협박으로 고소할 수 있습니다. 그리고 「범죄피해자 보호법」에서는 국가 및 지방자치단체는 범죄피해자의 명예와 사생활의 평온을 보호하기 위하여 필요한 조치를 하여야 한다고 규정되어 있습니다. 그리고 실무상 범죄유형에 상관없이 범죄신고 등 관련 보복을 당할 우려가 있는 범죄피해자, 반복적으로 생명 또는 신체에 대한 위해를 입었거나 입을 구체적인 우려가 있는 경우 신변보호제도를 제공하고 있습니다. 신청은 사건담당자 또는 청문감사실 피해자전담경찰관을 통해서 할 수 있습니다.

- 신변보호 조치 유형

① 보호시설(장기 보호가 필요한 피해자를 전문 보호시설에 연계)

② 임시숙소(신변위협으로 귀가 등 곤란한 피해자에게 임시숙소 제공)

③ 신변경호(위험이 긴박한 피해자를 대상으로 한시적 경호 실시)

④ 맞춤형 순찰(내담자의 출퇴근 시간 등 생활패턴을 고려한 지역경찰 맞춤형 순찰 실시)

⑤ 112 등록(112시스템에 신변보호 내담자 별도 등록, 관리하여 신속대응)

⑥ 스마트워치(시계 형태의 위치추적장치 대여)

⑦ CCTV 설치(위급 상황 시 피해자 주거지의 CCTV 화면 및 비상음을 경찰 상황실로 송출, 긴급 출동)

⑧ 가해자경고(가해자 대상 위해방지조치의 일환으로 서면경고장 등을 활용한 경고)

⑨ 피해자권고(관련 보호, 지원 제도 및 행동요령 등 관련 절차 안내)

⑩ 신원정보 변경, 보호(이름, 전화번호, 자동차번호 등 신원정보 변경 지원, 가정폭력 피해자 주민등록 열람제한 조치 등을 통해 신원정보 보호)

관련 조문

「정보통신망법」 제44조의7 제1항 제3호(불법정보의 유통금지 등)
공포심이나 불안감을 유발하는 부호 · 문언 · 음향 · 화상 또는 영상을 반복적으로 상대방에게 도달하도록 하는 내용의 정보
⋯ (벌칙) 제74조 제1항 제3호: 1년 이하의 징역 또는 1천만 원 이하의 벌금

「형법」 제283조 제1항 (협박)
⋯ (벌칙) 3년 이하의 징역, 500만 원 이하의 벌금, 구류 또는 과료

「범죄피해자 보호법」 제9조(사생활의 평온과 신변의 보호 등)

① 국가 및 지방자치단체는 범죄피해자의 명예와 사생활의 평온을 보호하기 위하여 필요한 조치를 하여야 한다.

② 국가 및 지방자치단체는 범죄피해자가 형사소송절차에서 한 진술이나 증언과 관련하여 보복을 당할 우려가 있는 등 범죄피해자를 보호할 필요가 있을 경우에는 적절한 조치를 마련하여야 한다.

질문 35 　상담사에 대한 음해 악성 댓글 및 전화 위협 　상담을 받은 내담자가 상담사에게 음해할 목적으로 인터넷 홈페이지에 악성 댓글을 남기고, 전화 또는 SNS 등으로 위협을 하고 있습니다. 이럴 경우 기관에서 어떻게 내담자의 위협으로부터 기관소속 상담사와 기관을 보호할 수 있을까요?

답변 　내담자의 위협에 대하여 법적인 대응이 가능합니다.

　악성 댓글로 인하여 상담사 및 관련 직원들이 고충을 받고 있는 사례가 종종 발생되고 있습니다. 「정보통신망 이용촉진 및 정보보호 등에 관한 법률(약칭: 정보통신망법)」에서 정보통신망을 통하여 공공연하게 사실이나 허위 사실을 드러내어 명예를 훼손하거나 공포심이나 불안감을 유발하는 부호·문언·음향·화상 또는 영상을 반복적으로 상대방에게 도달하게 한 자를 처벌하도록 규정되어 있습니다.

　이러한 피해 시 관련 내용을 캡쳐하거나 수사기관에 제출 가능한 소명자료를 수집한 후 수사기관에 고소 및 고발을 할 수 있습니다. 또한 해당 정보를 처리한 정보통신서비스 제공자에게 침해사실을 소명하여 그 정보의 삭제 또는 반박내용의 게재를 요청할 수도 있습니다.

관련 조문

「정보통신망법」 제44조의7 제1항 제2호 (불법정보의 유통금지 등)

누구든지 정보통신망을 통하여 사람을 비방할 목적으로 공공연하게 사실이나 거짓의 사실을 드러내어 타인의 명예를 훼손하는 내용의 정보를 유통하여서는 아니된다.

⋯ (벌칙) 제70조 제1항: 사람을 비방할 목적으로 정보통신망을 통하여 공공연 하게 사실을 드러내어 다른 사람의 명예를 훼손한 자는 3년 이하의 징역 또는 3천만 원 이하의 벌금

⋯ (벌칙) 제70조 제2항: 사람을 비방할 목적으로 정보통신망을 통하여 공공연 하게 거짓의 사실을 드러내어 다른 사람의 명예를 훼손한 자는 7년 이하의 징역, 10년 이하의 자격정지 또는 5천만 원 이하의 벌금

「정보통신망법」 제44조의7 제1항 제3호(불법정보의 유통금지 등)

공포심이나 불안감을 유발하는 부호 · 문언 · 음향 · 화상 또는 영상을 반복적으 로 상대방에게 도달하도록 하는 내용의 정보

⋯ (벌칙) 제74조 제1항 제3호: 1년 이하의 징역 또는 1천만 원 이하의 벌금

「정보통신망법」 제44조의2(정보의 삭제요청 등)

① 정보통신망을 통하여 일반에게 공개를 목적으로 제공된 정보로 사생활 침해 나 명예훼손 등 타인의 권리가 침해된 경우 그 침해를 받은 자는 해당 정보를 처 리한 정보통신서비스 제공자에게 침해사실을 소명하여 그 정보의 삭제 또는 반 박내용의 게재(이하 "삭제 등"이라 한다)를 요청할 수 있다.

② 정보통신서비스 제공자는 제1항에 따른 해당 정보의 삭제 등을 요청받으면 지체 없이 삭제 · 임시조치 등의 필요한 조치를 하고 즉시 신청인 및 정보게재자 에게 알려야 한다. 이 경우 정보통신서비스 제공자는 필요한 조치를 한 사실을 해당 게시판에 공시하는 등의 방법으로 이용자가 알 수 있도록 하여야 한다.

질문 36 상담 후 상담료 환불 요청 시 대응 내담자는 상담사에게 12회기 상담비용을 모두 지불하고 양육기술 훈련을 받았습니다. 그런데 내담자가 상담 후에도 아이들이 달라지지 않았으며, 아이들의 문제행동으로 학교에서 전화를 받았다고 말하면서 상담료 환불을 요청하고 있습니다. 이 경우 환불을 해 줘야 하나요? 책임의 비율을 법적으로 따져야 하는지 궁금합니다.

답변 상담사가 양육기술 훈련을 제공하였다면 내담자의 불만족으로 인하여 환불해 주는 것은 적절하지 않다고 생각합니다.

이 사례와 같이 상담완료 후 효과가 없다며 상담료를 환불해 달라고 요구하거나 상담료 미지급 상태에서 지급을 거절하는 사례가 실제로 종종 발생하고 있습니다. 때로는 상담사가 실제 효과가 없는 상담을 효과가 있는 것처럼 속여서 상담료를 받았다며 사기죄로 수사기관에 고소하는 상황까지 발생할 수 있습니다. 하지만 상담사가 실제 12회기 동안 노무행위를 제공하였고, 당시 이에 맞는 자격을 갖추고 있었다면 상담료를 반환하여야 할 의무는 없다고 판단됩니다.

다만, 내담자가 양육기술 훈련(상담서비스)을 제공받는 과정에서 상담사의 불성실과 과실로 인해 침해를 받았다고 생각하여 법원에 민사소송을 제기한다면 법관이 제반 상황을 종합적으로 판단하여 책임의 비율을 판결할 것으로 여겨집니다.

관련 조문

「형법」 제347조 제1항(사기)

사람을 기망하여 재물의 교부를 받거나 재산상의 이익을 취득한 자

⋯▸ (벌칙) 10년 이하의 징역 또는 2천만 원 이하의 벌금

질문 37 상담내용 공개 범위 학교로부터 학교폭력 가해자를 의뢰받아 상담하였습니다. 상담을 종결한 후 가해자가 자신을 변호하기 위해서 상담내용에 대한 자세한 확인을 요구하였습니다. 저는 자세한 상담내용을 공개하지 않았고 상담을 한 확인증만 발급하였습니다. 이러한 요구사항에 대해서 기록을 얼마나 자세히 공개해야 하는지 궁금합니다.

답변 상담심리사 윤리강령상 내담자가 기록물 열람을 요청하면 열람할 수 있도록 규정되어 있습니다. 다만, 내담자가 이를 악용하는 것을 방지하고, 유사한 사례에서 법률적인 분쟁에 휘말리지 않기 위하여 "상담내용은 객관적으로 검증된 사실이 아니다."라는 것을 표기하여 공개하는 것이 중요할 것 같습니다.

학교 상담실, 일선 상담기관에서 내담자가 자신의 피해 부분을 부각하여 상담을 받은 후 이를 터 잡아(기초하여) 추후 학생 및 학부모가 관련 기록물을 사본하여 법률적인 분쟁이나 각종 소송 등에 활용하려고 하는 사례들이 증가할 것으로 예상됩니다. 또한 상담사가 피해자와 가해자를 모두 상담했을 때 누구의 이익을 위하여 노력하여야 할지 곤란한 상황이 발생할 수 있습니다. 게다가 수사기관에서 관련 내용의 열람을 요청할 때, 실무자들은 어느 범위까지 협조를 해야 할지를 판단하기 어려울 것으로 생각됩니다.

이러한 복잡한 상황을 고려하려 판단한다면, 우선 내담자들이 요청하는 상담기록물은 「개인정보보호법」, 상담심리사 윤리강령에 근거하여 열람·사본 하여 주되, "상담내용은 객관적으로 증명이 불가능한 내용이고, 내담자의 주호소 문제를 바탕으로 작성된 글 입니다."라는 문구를 표기해 주어 중립적 입장을 유지하는 것이 좋을 것 같습니다. 그리고 수사기관에서 수사협조의뢰 형식으로 열람을 요청하면, 무작정 이에 응할 것이 아니라 우선 상담사가 수사기관의 열람 요청에 응했을 때 내담자에게 미치는 영향과 상담사에게 다가올 불편함 등을 고려하여 신중하게 협조하는 것이 좋을 것 같습니다. 상담기록은 지극히 개인적인 사생활과 관련된 내용으로 수사기관에 제공했을 때 사회적 파장이 크다면 정중히 협조 요청을 거절하고, 추후 수사기관에서 압수수색영장 집행(강제수사) 시에 영장에 기재된 압수의 범위 내에서 협조하는 것이 실무상 적절한 방법 중 하나라고 생각합니다.

관련 조문 및 상담심리사 윤리강령

「개인정보보호법」 제35조(개인정보의 열람)

① 정보주체는 개인정보처리자가 처리하는 자신의 개인정보에 대한 열람을 해당 개인정보처리자에게 요구할 수 있다.

② 제1항에도 불구하고 정보주체가 자신의 개인정보에 대한 열람을 공공기관에 요구하고자 할 때에는 공공기관에 직접 열람을 요구하거나 대통령령으로 정하는 바에 따라 보호위원회를 통하여 열람을 요구할 수 있다.

③ 개인정보처리자는 제1항 및 제2항에 따른 열람을 요구받았을 때에는 대통령령으로 정하는 기간 내에 정보주체가 해당 개인정보를 열람할 수 있도록 하여야 한다. 이 경우 해당 기간 내에 열람할 수 없는 정당한 사유가 있을 때에는 정보주체에게 그 사유를 알리고 열람을 연기할 수 있으며, 그 사유가 소멸하면 지체 없이 열람하게 하여야 한다.

④ 개인정보처리자는 다음 각 호의 어느 하나에 해당하는 경우에는 정보주체에게 그 사유를 알리고 열람을 제한하거나 거절할 수 있다.

1. 법률에 따라 열람이 금지되거나 제한되는 경우

2. 다른 사람의 생명 · 신체를 해할 우려가 있거나 다른 사람의 재산과 그 밖의 이익을 부당하게 침해할 우려가 있는 경우

3. 공공기관이 다음 각 목의 어느 하나에 해당하는 업무를 수행할 때 중대한 지장을 초래하는 경우

　가. 조세의 부과 · 징수 또는 환급에 관한 업무

　나. 「초 · 중등교육법」 및 「고등교육법」에 따른 각급 학교, 「평생교육법」에 따른 평생교육시설, 그 밖의 다른 법률에 따라 설치된 고등교육기관에서의 성적 평가 또는 입학자 선발에 관한 업무

　다. 학력 · 기능 및 채용에 관한 시험, 자격 심사에 관한 업무

　라. 보상금 · 급부금 산정 등에 대하여 진행 중인 평가 또는 판단에 관한 업무

　마. 다른 법률에 따라 진행 중인 감사 및 조사에 관한 업무

⋯▸ (벌칙) 제75조 제2항 제10호(제35조 제3항 위반 시): 3천만 원 이하의 과태료

「한국상담심리학회 상담심리사 윤리강령」 5(정보의 보호 및 관리)

나. 기록

(6) 상담심리사는 내담자가 합당한 선에서 기록물에 대한 열람을 요청할 경우, 열람할 수 있도록 한다. 단, 상담심리사는 기록물에 대한 열람이 내담자에게 해악을 끼친다고 사료될 경우 내담자의 기록 열람을 제한한다.

(7) 상담심리사는 내담자의 기록 열람에 대한 요청을 문서화하며, 기록의 열람을 제한할 경우, 그 이유를 명기한다.

질문 38　상담일지 등 개인정보 파일의 관리　외부 상담사를 파트타임으로 고용하여 상담을 수행하고 있는 상담센터의 기관장입니다. 상담사들이 상담시간 외에는 센터 밖에서 활동하다 보니, 상담일지 및 중요한 자료가 SNS나 메일로 전송되고 있습니다. 거기에는 개인정보(예: 이름, 전화번호, 성별 등)가 담겨 있는 경우도 있습니다. 이런 자료들을 어떻게 관리하면 좋을까요?

답변　기관장은 평소 직원(파트타임 직원 포함)들에게 내담자의 사적 비밀이 부주의로 인하여 침해받을 가능성이 있고, 그 위험 정도가 중하다는 것을 정기적으로 교육하여야 합니다. 또한 내담자의 개인정보가 암호화되는 등 필요한 안전성 조치가 확보된 상태에서 업무를 수행하도록 지도 및 감독하여야 합니다.

• 상담센터 VS 정신건강의학과 개인정보 취급 현황

예전에는 그리 중요시 여기지 않았던 개인정보의 중요성이 최근에는 그로 인한 피해 사례들이 우후죽순처럼 언론에 보도되어 알려지면서 이를 보호하고자 하는 목소리가 높아지고 있는 실정입니다. 일선 병원 정신건강의학과에서도 상담을 진행하고 있는데, 병원에서의 상담기록지 보관방법과 일선 상담센터의 상담기록지 보관방법을 비교해 보면, 일선 상담센터의 상담기록물의 보관방법은 아직 체계화되어 있지 않고, 정비되지 않은 것이 사실입니다.

또한 병원 정신건강의학과에서는 방문하는 환자들의 신분증을 확인하는 절차를 필수적으로 거쳐 본인임을 확인하고, 추후 의료 전산망을 통해 환자의 인적 사항이 보건복지부로 전달되어 이중으로 확인이 가능합니다. 하지만 일부 상담센터에서는 찾아오는 내담자에게 신분증을 보여 달라고 요구하는 절차를 생략하고 있는 것으로 알고 있으며, 내담자가 실명을 밝히기를 꺼려 하여 스스로 가명을 쓰는 경우도 종종 있는 것으로 알고 있습니다. 하지만 상담 기록은 지극히 개인적인 내용으로 유출 시 엄청난 파장을 일으킬 수 있는 만큼 소홀히 다루어서는 안 될 것입니다.

이러한 취약점 등을 보완하기 위하여 상담기관은 일반적인 개인 정보 수집에 관해서는 「개인정보 보호법」의 규정에 따르고, 정보 통신망을 이용하여 개인정보를 수집 시에는 「정보통신망 이용촉진 및 정보보호 등에 관한 법률」에 따라 어느 정도 체계를 갖추어 관리하는 것이 옳을 것 같습니다.

• 개인정보

먼저 '개인정보'의 용어(「개인정보 보호법」 제2조)를 살펴보면, 살아 있는 개인에 관한 정보로서, 성명, 주민등록번호 및 영상 등을 통하여 개인을 알아볼 수 있는 정보이며, 해당 정보만으로 알아볼 수 없더라도 다른 정보와 쉽게 결합하여 알아볼 수 있는 정보로 규정되어 있습니다. 다음으로 '개인정보처리자'란 업무를 목적으로 (친목계모임, 취미생활 동호회 정보는 제외) 개인정보파일을 운영하기 위하여 스스로 또는 다른 사람을 통하여 개인정보를 처리하는 공공기관, 법인, 단체 및 개인 등을 말합니다. 즉, 공공기관뿐만 아니라 개인 상담센터까지도 이 법이 적용되고 있다는 뜻입니다.

• 개인정보 보호지침

중앙행정기관의 장은 표준지침에 따라 소관 분야의 개인정보 처리와 관련한 개인정보 보호지침을 정하여 개인정보처리자에게 그 준수를 권장할 수 있다고 규정되어 있는데, 공공기관에서는 중앙행정기관장이 하달한 표준지침을 참고하면 될 것으로 사료됩니다. 예컨대, 학교에서는 교육부에서 하달된 표준지침, 상담기관에서는 관련 소속 중앙행정기관장이 하달한 표준지침을 참고하면 됩니다.

• 개인정보 수집

개인정보처리자는 개인정보의 처리 목적을 명확하게 하여야 하고, 그 목적에 필요한 최소한의 개인정보만을 적법하고 정당하게 수집하여야 합니다. 그리고 목적 외의 용도로도 활용하여서는 안 됩니다. 또한 개인정보처리자는 정보주체(내담자)의 권리가 침해받을 가능성과 그 위험 정도를 고려하여 개인정보를 안전하게 관리하여야 한다고 규정되어 있습니다.

• 동의를 받는 방법

평상시 인터넷 등 사이트에 회원가입을 할 때 보면, 개인정보를 수집하는 데 수집 목적, 기간, 이용 또는 제공하는 항목, 보유 및 이용기간 등 각 항목에 동의한다는 문구가 구분되어 있고, 각 항목마다 동의한다는 문구 옆에 체크(✓)하는 항목이 구분되어 있음을 보아 알 수 있듯이, 동의를 받을 때에는 각각의 동의 사항을 구분하여 정보주체(내담자 등)가 이를 명확하게 인지할 수 있도록 알리고 각각 동의를 받아야 한다고 규정되어 있습니다. 또한 개인정보처리자는 만 14세 미만의 아동의 개인정보를 처리하기 위하여 이 법에 동의를 받아야 할 때에는 그 법정대리인의 동의를 받아야 한다고 규정되어 있습니다.

• 개인정보 보관 방법

개인정보를 컴퓨터에 보관하여 관리 시 내담자의 개인정보가 유출, 분실 등이 되지 않도록 암호화 조치를 하여 안전하게 보관하는 것이 좋을 것 같습니다. 또한 개인정보처리자는 개인정보를 처리함에 있어서 개인정보가 안전하게 관리될 수 있도록 임직원, 파견근로자, 시간제근로자 등 개인정보처리자의 지휘·감독을 받아 처리하는 자(개인정보취급자)에 대한 적절한 관리·감독을 행하여야 합니다. 그리고 개인정보처리자는 개인정보의 적정한 취급을 보장하기 위하여 개인정보취급자에게 필요한 정기적인 교육을 실시하고 근거를 남겨 놓는 것이 좋습니다. 이러한 원칙을 소홀히 하여 유출 등 사고가 일어난다면 센터장, 기관장 등이 종업원과 함께 처벌을 받을 수 있음을 명심하여야 합니다. 그뿐만 아니라 개인정보처리자는 개인정보가 분실·도난·유출·위조·변조 또는 훼손되지 아니하도록 내부 관리계획 수립, 접속기록 보관 등 대통령령으로 정하는 바에 따라 안전성을 확보에 필요한 기술적·관리적·물리적 조치를 하여야 합니다.

• 개인정보의 파기

개인정보처리자는 보유기간의 경과, 개인정보의 처리 목적 달성 등 그 개인정보가 불필요하게 되었을 때에는 지체 없이 그 개인정보를 파기하여야 합니다. 또한 파기할 때에는 복구 또는 재생되지 아니하도록 조치를 하여야 합니다.

• 개인정보 유출 시 통지의무

개인정보처리자는 개인정보가 유출되었음을 알게 되었을 때에 지체 없이 해당 정보주체(내담자 등)에게 이 사실을 알려야 합니다. 또한 개인정보처리자는 유출 등 사고 발생 시 본인의 고의 또는 과실로 인한 사고가 아니라는 것을 입증하지 못하면 300만 원 이하의 범위에서 손해배상을 해야 할 수 있습니다.

관련 조문

「개인정보 보호법」 제6조(다른 법률과의 관계)
개인정보 보호에 관하여는 다른 법률에 특별한 규정이 있는 경우를 제외하고는 이 법에서 정하는 바에 따른다.

「개인정보 보호법」 제12조 제2항(개인정보 보호지침)
중앙행정기관의 장은 표준지침에 따라 소관 분야의 개인정보 처리와 관련한 개인정보 보호지침을 정하여 개인정보처리자에게 그 준수를 권장할 수 있다.

「개인정보 보호법」 제21조(개인정보의 파기)
① 개인정보처리자는 보유기간의 경과, 개인정보의 처리 목적 달성 등 그 개인

정보가 불필요하게 되었을 때에는 지체 없이 그 개인정보를 파기하여야 한다. 다만, 다른 법령에 따라 보존하여야 하는 경우에는 그러하지 아니하다.

② 개인정보처리자가 제1항에 따라 개인정보를 파기할 때에는 복구 또는 재생되지 아니하도록 조치하여야 한다.

③ 개인정보처리자가 제1항 단서에 따라 개인정보를 파기하지 아니하고 보존하여야 하는 경우에는 해당 개인정보 또는 개인정보파일을 다른 개인정보와 분리하여서 저장·관리하여야 한다.

④ 개인정보의 파기방법 및 절차 등에 필요한 사항은 대통령령으로 정한다.

「개인정보 보호법」 제22조(동의를 받는 방법)

① 개인정보처리자는 이 법에 따른 개인정보의 처리에 대하여 정보주체(제6항에 따른 법정대리인을 포함한다. 이하 이 조에서 같다)의 동의를 받을 때에는 각각의 동의 사항을 구분하여 정보주체가 이를 명확하게 인지할 수 있도록 알리고 각각 동의를 받아야 한다.

⑥ 개인정보처리자는 만 14세 미만 아동의 개인정보를 처리하기 위하여 이 법에 따른 동의를 받아야 할 때에는 그 법정대리인의 동의를 받아야 한다. 이 경우 법정대리인의 동의를 받기 위하여 필요한 최소한의 정보는 법정대리인의 동의 없이 해당 아동으로부터 직접 수집할 수 있다.

「개인정보 보호법」 제28조(개인정보처리자에 대한 감독)

① 개인정보처리자는 개인정보를 처리함에 있어서 개인정보가 안전하게 관리될 수 있도록 임직원, 파견근로자, 시간제근로자 등 개인정보처리자의 지휘·감독을 받아 개인정보를 처리하는 자(이하 "개인정보취급자"라 한다)에 대하여 적절한 관리·감독을 행하여야 한다.

② 개인정보처리자는 개인정보의 적정한 취급을 보장하기 위하여 개인정보취급자에게 정기적으로 필요한 교육을 실시하여야 한다.

「개인정보 보호법」 제29조(안전조치의무)

개인정보처리자는 개인정보가 분실·도난·유출·위조·변조 또는 훼손되지 아니하도록 내부 관리계획 수립, 접속기록 보관 등 대통령령으로 정하는 바에 따라 안전성 확보에 필요한 기술적·관리적 및 물리적 조치를 하여야 한다.

「개인정보 보호법」 제34조(개인정보 유출통지 등)

① 개인정보처리자는 개인정보가 유출되었음을 알게 되었을 때에는 지체 없이 해당 정보주체에게 다음 각 호의 사실을 알려야 한다.

1. 유출된 개인정보의 항목

2. 유출된 시점과 그 경위

3. 유출로 인하여 발생할 수 있는 피해를 최소화하기 위하여 정보주체가 할 수 있는 방법 등에 관한 정보

4. 개인정보처리자의 대응조치 및 피해 구제절차

5. 정보주체에게 피해가 발생한 경우 신고 등을 접수할 수 있는 담당부서 및 연락처

「개인정보 보호법」 제39조의2(법정손해배상의 청구)

① 제39조 제1항에도 불구하고 정보주체는 개인정보처리자의 고의 또는 과실로 인하여 개인정보가 분실·도난·유출·위조·변조 또는 훼손된 경우에는 300만 원 이하의 범위에서 상당한 금액을 손해액으로 하여 배상을 청구할 수 있다. 이 경우 해당 개인정보처리자는 고의 또는 과실이 없음을 입증하지 아니하면 책임을 면할 수 없다.

② 법원은 제1항에 따른 청구가 있는 경우에 변론 전체의 취지와 증거조사의 결과를 고려하여 제1항의 범위에서 상당한 손해액을 인정할 수 있다.

07 · 외부협력과 법적 다툼

학교전담경찰관의 역할 및 상담교사와 협력 가능 여부   각 학교에 학교전담경찰관이 있다고 하는데, 구체적으로 어떤 일을 하고 있나요? 학교 전문상담교사나 상담사가 학교전담경찰관에게 도움을 요청해도 되나요?

답변 전문상담교사와 업무상 협력이 가능합니다.

각 학교마다 학교전담경찰관(School Police Officer)이 지정되어 있으며, 여학교는 여성경찰관, 남학교는 남자경찰관이 지정되어 있습니다. 통상적으로 한 명의 학교전담경찰관이 10개 안팎의 학교를 담당하고 있으며, 이들은 주로 담당학교의 위험요소(학교폭력 등)를 사전에 파악하는 예방활동, 117신고 및 교내 학교폭력 발생 시 교사와 협력하여 처리하는 활동을 하고 있습니다. 그뿐만 아니라 학교 교직원과 수시로 소통하여 학교폭력에 대한 정보를 수집하고 학교폭력 대응 방안을 상호 공유하며 학교폭력 담당교사들의 법률적인 자문 역할을 담당하고 있습니다. 그 외 대외적으로도 학교 밖 청소년 발굴, 폭력서클 해체, 선도프로그램 운영 등 청소년과 관련된 전반적인 업무를 담당하고 있습니다.

    대부분의 학교전담경찰관이 각 담당학교의 생활지도 교사와 소통하고 있지만, 추후 전문상담교사와 협력하게 된다면 비행청소년(내담자) 상담 시 조력자로서 역할, 대내외적으로는 교내 학교폭력 징후의 정보를 사전에 공유하고 공동 대응하는 데 효과적일 것으로 생각됩니다.

질문 40 상담과정에서의 치료적 공감 내용을 이혼 자료로 사용   이혼 위기에 있는 내담자가 상담 중에 상담사가 보여 주었던 공감적 내용을 상대 배우자에 대한 비난의 근거로 삼아 이혼 과정에서 유리한 자료로 사용하려 합니다. 혹시 상대 배우자가 내담자를 공격하는 상황이 발생하면 상담사는 어떻게 대처해야 하나요?

답변   상담의 특성상 주관적인 내용임을 밝히는 것이 중요할 것 같습니다.

평상시 내담자가 상담일지 등 관련 내용의 제출을 요구하면 상담일지 하단이나 빈 여백공간에 "본 상담내용은 상담과정에서 내담자의 주호소 문제를 바탕으로 기재되었으며, 상담사의 치료적 공감 내용은 객관적으로 증명할 수 있는 내용이 아닙니다."라고 별도로 표기한 후 발급해 주는 것이 좋을 것 같습니다. 그리고 상대 배우자가 상담사에게 찾아와 자신에게 불리한 내용이 상담기록지에 기록되어 있다며 항의를 할 때에도 상담의 특성상 내담자의 주관적인 호소 문제를 바탕으로 상담을 진행하였으며, 상담사는 치료적 공감 행위를 하였을 뿐임을 고지해 주어 당사자들 사이에서 불필요한 오해나 분쟁에 휘말리지 않는 것이 중요할 듯합니다.

질문 41　집단상담을 진행한 리더(코리더) 또는 참여한 사람이 다른 참여자의 사례를 공개한 경우 법적 책임　집단상담을 진행하면서 리더 또는 코리더가 집단상담에 참여한 사람이 호소 문제로 개방한 사례를 대학 등 교육기관이나 다른 기관의 사례회의 시 사례로 공개하거나, 같은 집단상담에 참여한 사람이 다른 참여자의 사례를 개인적으로 아는 사람에게 이야기하였다고 합니다. 그런데 이 사례 모두 개방한 사례의 주인공이 누구인지 실명은 거론하지 않았지만 누구의 이야기인지 대충 추측은 가능한 상황이었다고 합니다. 이러한 경우 실명을 밝히지 않았지만 집단 내에서 들은 개인적인 호소 문제를 임의로 다른 곳에서 사례로 이야기한 리더(코리더) 또는 다른 참여자의 법적인 책임은 어떻게 되나요?

답변　실명은 거론하지 않았지만 누구의 이야기인지 추측이 가능하다면 법적인 책임을 질 수 있습니다. 또한 이는 상담심리사의 윤리강령에도 위배되는 행위입니다.

명예훼손은 상대방이 외부에 발설, 표시, 전달한[적시(摘示)] 사실 등이 진실한 사실인 경우이든 허위의 사실인 경우이든 모두 성립할 수 있고, 상대방의 이름 등을 그대로 발설, 표시 등을 하지 않더라도 전체적인 정황상 발설, 표시 등을 한 인물이 누구인지 알 수 있을 만한 이야기를 하였다면 명예훼손죄가 성립할 수 있습니다. 그러므로 상담과 같이 지극히 개인적이고 비밀스러운 내용을 누구인지 종합적으로 추측 가능하도록 다른 집단에서 개방하였다면 형사적인 죄책을 물을 수 있습니다. 상담심리사의 윤리강령에서도 상담관계에서 얻어진 자료를 교육이나 연구의 목적 등으로 사용할 때에는 내담자의 동의를 구해야 하며 각 개인의 익명성을 보장하기 위해 자료를 변형하도록 규정되어 있습니다. 또한 내담자의 사생활과 비밀을 보장하기 위해 노력하도록 명시되어 있는데, 이에도 반하는 행위라고 볼 수 있습니다.

관련 조문 및 상담심리사 윤리강령

「형법」 제307조(명예훼손)

① 공연히 사실을 적시하여 사람의 명예를 훼손한 자는 2년 이하의 징역이나 금고 또는 500만 원 이하의 벌금에 처한다.

② 공연히 허위의 사실을 적시하여 사람의 명예를 훼손한 자는 5년 이하의 징역, 10년 이하의 자격정지 또는 1천만 원 이하의 벌금에 처한다.

「한국상담심리학회 상담심리사 윤리강령」 5(정보의 보호 및 관리)

가. 사생활과 비밀보호

(5) 상담심리사는 강의, 저술, 동료자문, 대중매체 인터뷰, 사적 대화 등의 상황에서 내담자의 신원확인이 가능한 정보나 비밀 정보를 공개하지 않는다.

마. 상담 외 목적을 위한 내담자 정보의 사용

(1) 교육이나 연구 또는 출판을 목적으로 상담관계로부터 얻어진 자료를 사용할 때에는 내담자의 동의를 구해야 하며, 각 개인의 익명성이 보장되도록 자료 변형 및 신상 정보의 삭제와 같은 적절한 조치를 취하여 내담자에게 피해를 주지 않도록 한다.

참조 판례

대법원 판례 82도1256, 2011도11226

명예훼손죄가 성립하려면 반드시 사람의 성명을 명시하여 허위의 사실을 적시하여야만 하는 것은 아니므로 사람의 성명을 명시한 바 없는 허위사실의 적시행위도 그 표현의 내용을 주위 사정과 종합 판단하여 그것이 어느 특정인을 지목하는 것인가를 알아차릴 수 있는 경우에는 그 특정인에 대한 명예훼손죄를 구성한다.

질문 42 상담센터 소속 직원의 이중적 행위 처벌 제가 운영하는 상담센터의 직원이 센터에 찾아온 내담자를 상담소 이외의 장소에서 따로 만나 상담을 진행하고 돈을 받는다는 사실을 전해 들었습니다. 형사적인 죄책을 물을 수 있나요?

답변 형사적인 처벌의 대상이 될 수 있습니다.

상담사 중에는 파트타임으로 여러 곳에 옮겨 다니면서 근무하는 경우가 많이 있습니다. 프리랜서의 경우에는 개인적으로 의뢰되는 내담자를 상담센터 이외의 장소에서 영리를 목적으로 상담을 진행할 수 있겠으나, 특정 회사 등에 소속된 상담사들은 윤리적 · 형사적으로 저촉될 수 있습니다. 예컨대, 상담센터 소속 상담사는 센터에 상담료를 지급하고 찾아오는 내담자(손님)를 성실히 상담하고 월급 받는 직원으로서, 신의칙상 센터의 영업 이익을 위하여 노력해야 할 의무를 가지고 있습니다. 하지만 상담센터에 찾아온 내담자를 상담소 이외에 장소에서 만나 개별상담을 진행하여 재산상 이익을 취득하고, 그 금액만큼 센터에 손해를 끼쳤다면 '(업무상) 배임' 행위로 처벌을 받을 수 있습니다. 만약 상담사의 능력이 뛰어나 개인적으로 찾아오는 내담자가 많이 있다면 사전에 영업주(대표)와 고용계약 시 미리 센터 일을 하면서 개인적인 손님에 대해서는 별도로 상담을 진행하고 영리를 취득할 수 있다는 내용을 밝히는 것이 좋을 것 같습니다.

관련 조문

「형법」 제355조(횡령, 배임)

① 타인의 재물을 보관하는 자가 그 재물을 횡령하거나 그 반환을 거부한 때에는 5년 이하의 징역 또는 1천500만 원 이하의 벌금에 처한다.

② 타인의 사무를 처리하는 자가 그 임무에 위배하는 행위로써 재산상의 이익을 취득하거나 제삼자로 하여금 이를 취득하게 하여 본인에게 손해를 가한 때에도 전항의 형과 같다.

관련 판례

대법원 판례 2002도758

배임죄에서 '임무에 위배하는 행위'라 함은 처리하는 사무의 내용, 성질 등에 비추어 법령의 규정, 계약의 내용 또는 신의칙상 당연히 하여야 할 것으로 기대되는 행위를 하지 않거나 당연히 하지 않아야 할 것으로 기대되는 행위를 함으로써 본인과의 신임관계를 저버리는 일체의 행위를 포함한다.

08 · 자살 관련 법적 대응

질문 43 　내담자가 자살 전 남긴 상담사를 탓하는 유서의 영향 및 상담 기록 제출 의무　TV 등 언론매체에서 연예인이 자살 전 남긴 유서에서 상담사를 탓하는 내용을 보았는데, 이럴 경우 유가족이 상담사에게 법적 책임을 물을 수 있는지 궁금합니다. 또한 이러한 경우, 유가족이 상담사에게 사망한 내담자의 상담기록을 요구한다면 이에 강제로 응해야 하는지 궁금합니다.

답변　유족의 요구에 무조건 응해야 하는 강제규정이 아니라 임의규정입니다.

이 사례의 경우에 크게 두 가지로 나누어 생각해 보면, 상담사에게 형사적인 책임을 물을 수 있는지와 상담기록을 의무적으로 유가족에게 제출해야 하는지를 생각해 볼 수 있습니다. 먼저 형사적인 책임에 대한 부분은 내담자가 자살에 이르게 된 경위와 상담사의 유책(책임이 있는)사유 간의 인과관계가 입증되어야 상담사에게 책임을 물을 수 있을 것 같습니다. 예를 들어, 평소 내담자의 자살 위험이 높고, 자살을 시도한 것을 상담사가 사전에 알았다면 이러한 사정을 상담과정에서 듣고 보호자와 상의하여 병원 입원치료 조치

권유나 이를 방지하기 위하여 어떤 조치를 취하였는지, 상담사로서 책임을 다 하였는지 등이 조사대상이 될 수 있을 것 같습니다. 이러한 조사 결과, 상담사가 주의의무를 다하지 못하였다면 형사적인 책임은 별론으로 하더라도 민사적인 책임을 질 수 있습니다.

그리고 상담사가 유족에게 의무적으로 상담기록을 제출해야 하는지에 대해서는 법적인 규정이나 상담심리학회의 윤리강령을 살펴볼 수 있겠습니다. 관련된 법적인 규정은 「개인정보 보호법」을 살펴볼 수 있는데 이 법은 '살아 있는 개인에 관한 정보'를 언급하고 있는 법으로, 사망한 자의 개인정보에 대한 언급이 별도로 규정되어 있지 않습니다. 그리고 상담사들이 주로 행동의 준거로 삼고 있는 '한국상담심리학회 윤리강령'에서도 유족에 대한 정보제공 부분을 별도로 언급하지 않고 있습니다.

따라서 상담기록을 유족에게 임의로 제출할 수도 있지만 공개했을 때 불필요한 파장 효과가 크다면 수사기관 등의 강제처분, 즉 영장에 의한 압수수색 등이 있기 전까지는 상담사가 상황을 판단하여 재량범위 내에서 제출하면 될 것으로 생각됩니다. 그리고 내담자가 자살에 이르기 전까지 상담했던 기록물 등을 잘 정리하여 법률적인 다툼 발생 시 이를 소명자료로 활용하면 유용할 것입니다.

「의료법」에서는 환자의 배우자, 직계 존속·비속, 형제자매(환자의 배우자 및 직계 존속·비속, 배우자의 직계 존속이 모두 없는 경우에 한정한다.) 또는 배우자의 직계 존속이 친족관계임을 나타내는 증명서 등을 첨부하는 등 보건복지부령으로 정하는 요건을 갖추어 요청한 경우에는 진료기록의 일부 또는 전부를 열람하도록 법적인 근거가 마련되어 있으나, 병원에 근무하는 상담사가 아닌 일반 상담사에게는 사망한 사람에 대한 기록을 본인 외의 가족들에게 의무적으로 제출해야 하는 근거는 부족한 실정입니다. 인터넷 기사에 게재된 글을 살펴보면, 유명 뮤지션이 자살을 하면서 유서에 남긴 내용 중 "의사 참 쉽다 생각했다."라며 담당 의사를 탓하는 듯한 내용이 기재되어 있어 논란이 제기된 적이 있으나, 의사에게 부여된 권리와 의무 관계를 상담사에게 동일하게 적용하는 것은 무리가 있다고 여겨집니다.

관련 조문

「의료법」 제21조(기록 열람 등)

① 환자는 의료인, 의료기관의 장 및 의료기관 종사자에게 본인에 관한 기록(추가기재ㆍ수정된 경우 추가기재ㆍ수정된 기록 및 추가기재ㆍ수정 전의 원본을 모두 포함한다. 이하 같다)의 전부 또는 일부에 대하여 열람 또는 그 사본의 발급 등 내용의 확인을 요청할 수 있다. 이 경우 의료인, 의료기관의 장 및 의료기관 종사자는 정당한 사유가 없으면 이를 거부하여서는 아니 된다.

② 의료인, 의료기관의 장 및 의료기관 종사자는 환자가 아닌 다른 사람에게 환자에 관한 기록을 열람하게 하거나 그 사본을 내주는 등 내용을 확인할 수 있게 하여서는 아니 된다.

③ 제2항에도 불구하고 의료인, 의료기관의 장 및 의료기관 종사자는 다음 각 호의 어느 하나에 해당하면 그 기록을 열람하게 하거나 그 사본을 교부하는 등 그 내용을 확인할 수 있게 하여야 한다. 다만, 의사ㆍ치과의사 또는 한의사가 환자의 진료를 위하여 불가피하다고 인정한 경우에는 그러하지 아니하다.

1. 환자의 배우자, 직계 존속ㆍ비속, 형제ㆍ자매(환자의 배우자 및 직계 존속ㆍ비속, 배우자의 직계존속이 모두 없는 경우에 한정한다) 또는 배우자의 직계 존속이 환자 본인의 동의서와 친족관계임을 나타내는 증명서 등을 첨

부하는 등 보건복지부령으로 정하는 요건을 갖추어 요청한 경우

2. 환자가 지정하는 대리인이 환자 본인의 동의서와 대리권이 있음을 증명하는 서류를 첨부하는 등 보건복지부령으로 정하는 요건을 갖추어 요청한 경우

3. 환자가 사망하거나 의식이 없는 등 환자의 동의를 받을 수 없어 환자의 배우자, 직계 존속 · 비속, 형제 · 자매(환자의 배우자 및 직계 존속 · 비속, 배우자의 직계존속이 모두 없는 경우에 한정한다) 또는 배우자의 직계 존속이 친족관계임을 나타내는 증명서 등을 첨부하는 등 보건복지부령으로 정하는 요건을 갖추어 요청한 경우

질문 44 상담사의 자살방조죄 성립 여부 　내담자들로부터 거의 매일 자살사고와 자살계획에 대한 보고를 받아 이와 관련한 병원 진료경험 여부를 확인하고 내담자들에게 정신의학과 진료를 권유합니다. 긍정적으로 생각하겠다는 내담자도 있지만 아직은 부정적으로 반응하는 내담자도 많은 것 같습니다. 이러한 상담과정에서 상담사가 알아야 할 법적 책임 유무에 대해 알고 싶습니다. 이러다가 내담자가 자살을 하게 되면 상담사가 자살방조죄 등으로 처벌을 받지 않나요?

답변 　상담사에게 자살방조죄를 적용하여 처벌하기 어렵습니다.

상담 도중 내담자가 돌연히 자살하는 것을 방지하기 위하여 통상적으로 상담사는 상담 시작 전 내담자에게 '자살 방지 서약서'를 작성하게 한 후 상담을 진행하는 경우가 많이 있습니다. 자살방조란 자살하려는 사람의 자살행위를 도와주거나 조언 또는 격려 등의 원조행위로, 이 사례와 같이 상담사가 '자살 방지 서약서'를 사전에 받거나 병원 진료를 권유하는 등 자살 방지를 위한 조치가 있었다면 자살방조죄의 죄책을 묻기 어렵습니다. 이러한 상황에서 상담사가 실무적으로 내담자의 보호자에게 사전에 연락하여 자살 위험성을 알리고 정신과 강제입원 절차에 대하여 고지를 한 후, 그 내용을 상담기록에 남겨 두면 이는 추후 중요한 자료로 활용될 수 있을 듯합니다. 그리고 자신의 상담 능력으로 내담자의 문제를 개선하기에 한계가 있을 때에는 내담자에게 동의를 구한 후 다른 전문가에게 의뢰하는 것이 바람직하다고 생각이 듭니다. 이와 유사한 사례로 개인병원 등에서도 중한 환자의 경우에는 대학병원 등에 진료의뢰서를 작성하여 전원 조치하는 경우가 종종 있습니다. 자신의 능력을 스스로 과신하여 내담자를 계속해서 맡고 있다면 윤리적으로도 바람직한 행위라고 말할 수 없습니다.

관련 조문 및 상담심리사 윤리강령

「형법」 제252조(촉탁, 승낙에 의한 살인 등)
① 사람의 촉탁 또는 승낙을 받아 그를 살해한 자는 1년 이상 10년 이하의 징역에 처한다.
② 사람을 교사 또는 방조하여 자살하게 한 자도 전항의 형과 같다.

「한국상담심리학회 윤리강령」 제1조(전문적 능력)
② 상담사는 자신의 능력 및 기법의 한계를 인식하고, 전문적 기준에 위배되는 활동을 하지 않는다. 만일, 자신의 개인 문제 및 능력의 한계 때문에 도움을 주지 못하리라고 판단될 경우에는 내담자의 동의를 구한 후, 다른 동료 전문가 및 관련 기관에 의뢰한다.

「한국상담심리학회 윤리강령」 제2조(충실성)
② 상담사는 자신의 능력의 한계나 개인적인 문제로 내담자를 적절하게 도와줄 수 없을 때에는 상담을 시작해서는 안 되며, 다른 전문가에게 의뢰하는 등의 적절한 방법으로 내담자를 돕는다.

「한국상담심리학회 윤리강령」 제3조(비밀보장)
① 상담사는 사생활과 비밀유지에 대한 내담자의 권리를 최대한 존중해야 할 의

무가 있다.

② 상담사는 내담자 또는 내담자의 법정대리인에게 비밀보장의 예외와 한계에 대해 설명해야 한다.

관련 판례

대법원 판례 92도1148

「형법」 제252조 제2항의 자살방조죄는 자살하려는 사람의 자살행위를 도와주어 용이하게 실행하도록 함으로써 성립되는 것으로서, 그 방법에는 자살도구인 총, 칼 등을 빌려주거나 독약을 만들어 주거나 조언 또는 격려를 한다거나 기타 적극적, 소극적, 물질적, 정신적 방법이 모두 포함된다 할 것이나, 이러한 자살방조죄가 성립하기 위해서는 그 방조 상대방의 구체적인 자살의 실행을 원조하여 이를 용이하게 하는 행위의 존재 및 그 점에 대한 행위자의 인식이 요구된다.

대법원 판례 2005도1373(자살방조 부정)

판매대금 편취의 목적으로 인터넷 자살사이트에 청산염 등 자살용 유독물 판매광고의 글을 게시한 행위가 자살방조에 해당하지 않는다.

제**3**부

아동학대와 상담

09 · 아동분리

질문 45 **보호자나 아동의 동의 없이 분리 가능 여부** 상담을 진행하는 동안 내담자가 신체적 폭력을 당한 흔적을 자주 목격하였고 확인한 결과 내담자의 어머니가 조현병이 있으며, 아이에게 폭력을 행사하는 일이 잦다는 것을 알게 되었습니다. 학대 신고를 하고 싶은데, 조사가 시작되면 아이를 의심하고 폭력이 더 심해질 것 같아 걱정이 됩니다. 학대 신고 이후 학대판정 이전에 분리가 조속히 시행될 수 있는 방법이 있을까요? 위급/응급한 상황에서는 보호자의 동의 없이 혹은 아동의 의사에 반해서 분리를 할 수 있나요?

답변 위급/응급한 상황에서는 동의 없이 분리할 수 있습니다.

아동이익 최우선의 원칙에 따라 학대판정 이전에 위급/응급한 상황에서는 응급조치를 통해 보호자의 동의 없이 혹은 아동의 의사에 반해서 분리를 할 수 있습니다.

아동을 분리하여 시설에 입소시키는 경우 최대한 아동의 의사를 존중해야 하나, 학대피해가 확인되고 재학대의 위험이 급박하거나 현저한 경우에는 보호자 동의가 없어도, 아동의 의사에 반해서도 아동을 보호하기 위해 분리가 가능합니다.

「아동학대처벌법」 제12조에서 응급조치를 통해 아동학대 관련 보호시설이나 의료기관으로 인도할 수 있도록 명시하고 있음에 따라, 조사과정에서 어머니의 조현병으로 인해 아이가 위험하다고 판단된다면 학대판정 이전에 보호자가 거부하더라도 응급조치를 통해 72시간 동안 분리가 가능하며, 이후에는 법원의 판결을 통해 피해아동보호명령을 받아 지속적으로 분리가 가능합니다.

또한 「아동복지법」 제15조에 따라 1년에 2회 이상 아동학대 신고가 접수된 아동의 경우, 학대피해가 강하게 의심되고 재학대 발생이 우려되는 상황 등에서는 아동의 안전 확보를 위해 필요에 따라 가정으로부터 조속한 분리가 가능합니다.

관련 조항

「아동학대범죄의 처벌 등에 관한 특례법」 제12조(피해아동 등에 대한 응급조치)
① 제11조 제1항에 따라 현장에 출동하거나 아동학대범죄 현장을 발견한 경우 또는 학대현장 이외의 장소에서 학대피해가 확인되고 재학대의 위험이 급박·현저한 경우, 사법경찰관리 또는 아동학대전담공무원은 피해아동, 피해아동의 형제자매인 아동 및 피해아동과 동거하는 아동(이하 "피해아동 등"이라 한다)의 보호를 위하여 즉시 다음 각 호의 조치(이하 "응급조치"라 한다)를 하여야 한다. 이 경우 제3호의 조치를 하는 때에는 피해아동 등의 이익을 최우선으로 고려하여야 하며, 피해아동 등을 보호하여야 할 필요가 있는 등 특별한 사정이 있는 경우를 제외하고는 피해아동 등의 의사를 존중하여야 한다.

1. 아동학대범죄 행위의 제지
2. 아동학대행위자를 피해아동 등으로부터 격리

3. 피해아동 등을 아동학대 관련 보호시설로 인도
4. 긴급치료가 필요한 피해아동을 의료기관으로 인도

「아동복지법」 제15조(보호조치)

⑥ 시 · 도지사 또는 시장 · 군수 · 구청장은 다음 각 호의 어느 하나에 해당하는 경우 제1항 제3호부터 제6호까지의 보호조치를 할 때까지 필요하면 제52조 제1항 제2호에 따른 아동일시보호시설 또는 제53조의2에 따른 학대피해아동쉼터에 보호대상아동을 입소시켜 보호하거나, 적합한 위탁가정 또는 적당하다고 인정하는 자에게 일시 위탁하여 보호(이하 "일시보호조치"라 한다)하게 할 수 있다. 이 경우 보호기간 동안 보호대상아동에 대한 상담, 건강검진, 심리검사 및 가정환경에 대한 조사를 실시하고 그 결과를 보호조치 시에 고려하여야 한다.

1. 1년 이내에 2회 이상 아동학대 신고가 접수된 아동에 대하여 현장조사 과정에서 학대피해가 강하게 의심되고 재학대가 발생할 우려가 있는 경우

2. 제1항에 따른 보호조치 결정이 있을 때까지 아동에 대하여 「아동학대범죄의 처벌 등에 관한 특례법」 제12조에 따른 응급조치 또는 같은 법 제13조에 따른 긴급임시조치가 종료되었으나 같은 법 제15조에 따른 임시조치가 청구되지 아니한 경우

3. 현장조사 과정에서 아동의 보호자가 아동에게 답변을 거부 · 기피 또는 거짓 답변을 하게 하거나 그 답변을 방해한 경우

4. 그 밖에 제1항 제3호부터 제6호까지의 보호조치를 할 때까지 아동을 일시적으로 보호할 필요가 있다고 시 · 도지사 또는 시장 · 군수 · 구청장이 인정하는 경우

질문 46 분리 후 원가정 복귀 가능 시점 아동이 분리된 후에는 언제 원가정으로 복귀가 가능한가요? 아동이 일정한 시간 경과 후에도 원가정으로 돌아가기를 원하지 않는 경우와 반대로 아동이 시설에 기거하기를 거부하면서 가정으로 무작정 돌아가고 싶어 하는 경우에는 어떻게 되나요? 그리고 부모가 아동을 데려가고 싶지 않은 경우와 반대로 부모가 아이를 되도록 빨리 데려가고 싶어 하는 경우에도 어떻게 되는지 궁금합니다.

답변 아동이 가정으로 돌아가도 안전하다고 판단되면 원가정 복귀가 가능합니다.

아동이 분리되어 시설에 입소한 후 원가정 복귀는 아동의 안전이 확보된 이후에 가능합니다. 아동에 대한 지속적인 사례관리와 심리치료 등을 통해 아동의 심리적·정서적 회복을 지원하는 한편, 부모에 대해서도 사례관리를 실시하면서 아동과 부모가 원가정 복귀를 희망하고 학대의 위험이 없다고 판정되면 원가정 복귀를 실시하게 됩니다.

아동이 시설에 기거하기를 거부하면서 가정으로 돌아가려고 하거나 부모가 아동을 데려가기를 희망하더라도 재학대의 위험이 예상되면 원가정 복귀는 어렵습니다. 반대로 아동이 집으로 돌아가지 않으려 하거나 부모가 아동을 데려가기를 희망하지 않는 경우에는 아동 및 부모의 의사 확인, 가정의 경제적·사회적 환경, 부모의 양육태도, 아동의 심리 및 정서 상태 등을 좀 더 면밀히 고려하여 아동의 안전 확보 여부를 판단한 뒤에 원가정 복귀 여부를 결정하게 되며, 필요시에는 원가정 복귀 이후 지역사회 자원을 활용한 사례관리 등을 실시하게 됩니다.

관련 조항

「아동복지법」 제16조(보호대상아동의 퇴소조치 등)

① 제15조 제1항 제3호부터 제5호까지의 보호조치 중인 보호대상아동의 연령이 18세에 달하였거나, 보호 목적이 달성되었다고 인정되면 해당 시 · 도지사, 시장 · 군수 · 구청장은 대통령령으로 정하는 절차와 방법에 따라 그 보호 중인 아동의 보호조치를 종료하거나 해당 시설에서 퇴소시켜야 한다.

② 제15조 제1항 제2호부터 제4호까지의 보호조치 중인 보호대상아동의 친권자, 후견인 등 보건복지부령으로 정하는 자는 관할 시 · 도지사 또는 시장 · 군수 · 구청장에게 해당 보호대상아동의 가정 복귀를 신청할 수 있다.

③ 시 · 도지사 또는 시장 · 군수 · 구청장은 제2항에 따른 가정 복귀 신청을 받은 경우에는 보장원 또는 아동보호전문기관 등 아동복지시설의 장, 아동을 상담 · 치료한 의사의 의견을 들은 후 보호조치의 종료 또는 퇴소조치가 보호대상아동의 복리에 반하지 아니한다고 인정되면 해당 보호대상아동을 가정으로 복귀시킬 수 있다. 다만, 보호대상아동이 복귀하는 가정에 거주하는 아동학대행위자가 대통령령으로 정하는 상담 · 교육 · 심리적 치료 등에 참여하지 아니한 경우에는 그러하지 아니한다.

질문 47　분리 후 원가정 복귀 절차　아동이 분리된 이후에 가정으로 돌아갈 때 어떠한 과정을 거치게 되는지 궁금합니다.

답변 1　「아동복지법」에 의해 분리된 경우에는 사례결정위원회의 심의를 거쳐 원가정 복귀 여부가 결정됩니다.

아동가정 복귀는 아동분리 → 시설·가정 위탁 등 보호 → 양육 상황 점검 → 보호목적 달성 또는 가정 복귀 신청 접수 → 가정 복귀 가능 여부(가정환경 등) 점검 → 사례회의 → 사례결정위원회 심의 → 가정 복귀 → 사후 사례관리 순으로 이루어집니다.

아동이 분리된 이후에는 학대의 정도, 아동의 상태, 원가정 복귀 가능 예상기간 등에 따라서 단기간 거주하는 학대피해아동쉼터나 일시보호시설 또는 장기간 거주하는 공동생활가정, 양육시설, 위탁가정 등에서 생활하게 됩니다. 이후 시·군·구에서는 시설에서 생활하는 아동의 양육 상황을 주기적으로 점검하고, 아동보호전문기관에서는 부모에 대하여 가정 복귀 프로그램을 이수하도록 합니다.

보호조치 목적이 달성되었다고 판단되면 아동보호전문기관은 가정 복귀 계획을 수립하고 부모면담, 아동면담을 통해 가정 복귀 의사를 확인하고, 가정방문을 통해 아동을 양육할 준비가 되었는지 점검을 실시합니다. 이후 관련 기관과 가정환경 조사 결과 등 관련 자료를 가지고 원가정 복귀에 대한 사례회의를 실시합니다. 시·군·구는 아동보호전문기관에서 제출한 원가정 복귀 관련 서류와 사례회의 결과, 양육 점검 결과 등을 바탕으로 아동 안전여부 확보, 보호자의 양육태도 변화 등 원가정 복귀에 대한 의견을 담은 종결심사서를 작성하여 사례결정위원회에 제출합니다. 심의를 통해 종결이 결정되면 가정으로 돌아가게 되며, 보호자가 가정 복귀를 신청하는 경우에도 같은 경로를 거쳐 가정 복귀 여부를 결정합니다.

관련 조항

「아동복지법」 제12조(아동복지심의위원회)

① 시 · 도지사, 시장 · 군수 · 구청장(자치구의 구청장을 말한다. 이하 같다)은 다음 각 호의 사항을 심의하기 위하여 그 소속으로 아동복지심의위원회(이하 "심의위원회"라 한다)를 각각 둔다. 이 경우 제2호부터 제7호까지의 사항에 관한 심의 업무를 효율적으로 수행하기 위하여 대통령령으로 정하는 바에 따라 심의위원회 소속으로 사례결정위원회를 두고, 사례결정위원회의 심의를 거친 사항은 심의위원회의 심의를 거친 사항으로 본다.

1. 제8조에 따른 시행계획 수립 및 시행에 관한 사항
2. 제15조에 따른 보호조치에 관한 사항
3. 제16조에 따른 퇴소조치에 관한 사항
4. 제18조에 따른 친권행사의 제한이나 친권상실 선고 청구에 관한 사항
5. 제19조에 따른 아동의 후견인의 선임이나 변경 청구에 관한 사항
6. 지원대상아동의 선정과 그 지원에 관한 사항
7. 그 밖에 아동의 보호 및 지원서비스를 위하여 시 · 도지사 또는 시장 · 군수 · 구청장이 필요하다고 인정하는 사항

답변 2 「아동학대처벌법」에 의해 분리된 경우에는 법원의 보호종결 결정 여부에 따라 원가정 복귀 여부가 결정됩니다.

「아동복지법」 제15조(보호조치)가 아닌 「아동학대처벌법」 제47조 (가정법원의 피해아동에 대한 보호명령)에 따라 가정법원의 보호명령만으로 시설보호가 진행된 경우에는, 법원이 아동을 안전하다고 판단하여 피해아동보호명령을 연장하지 않고 보호종결 결정을 하게 되면 원가정 복귀가 이루어지게 됩니다. 이 경우 사례결정위원회에서는 원가정 복귀 결정을 위한 안건 상정을 하지 않습니다.

가정법원의 피해아동보호명령은 아동이 분리된 이후 처음에는 최대 1년간 시설보호가 가능하며 이후에는 6개월 단위로 아동보호전문기관 의견 등을 종합하여 연장 여부를 결정하며, 아동이 성년에 도달할 때까지 연장 가능합니다.

관련 조항

「아동학대범죄의 처벌 등에 관한 특례법」 제51조(피해아동보호명령의 기간)

① 제47조 제1항 제1호부터 제5호까지, 제5호의2 및 제6호부터 제8호까지의 피해아동보호명령의 기간은 1년을 초과할 수 없다. 다만, 관할 법원의 판사는 피해아동의 보호를 위하여 그 기간의 연장이 필요하다고 인정하는 경우 직권 또는 피해아동, 그 법정대리인, 변호사, 시·도지사 또는 시장·군수·구청장의 청구에 따른 결정으로 6개월 단위로 그 기간을 연장할 수 있다.

② 보호관찰소의 장 및 아동보호전문기관의 장은 시·도지사 또는 시장·군수·구청장에게 제1항 단서에 따른 피해아동보호명령의 연장 청구를 요청할 수 있으며, 시·도지사 또는 시장·군수·구청장은 요청받은 날부터 15일 이내에 그 처리 결과를 요청자에게 통보하여야 한다.

③ 제1항에 따라 연장된 기간은 피해아동이 성년에 도달하는 때를 초과할 수 없다.

10 · 아동학대 신고

질문 48 아동학대 신고 가능 기간 아동학대 피해 사실을 알았을 때에는 청소년 보호기관 종사자의 의무신고가 발생되는 것으로 알고 있습니다. 상담 중에 고3 학생으로부터 초등 때의 아동학대(성학대 등) 사실을 알게 되었다면 의무신고가 발생될까요? 성 문제나 그 외 아동학대는 몇 년 전까지 신고대상이며 언제까지 신고 가능한가요?

답변 아동학대 의무신고는 내담자가 18세 미만(호적상 생년월일이 경과하여 18세가 되지 않았음을 요함)의 아동일 경우에만 해당되며, 이 경우 신고대상 기간에 대한 제한은 없습니다. 그리고 아동학대는 18세 이후에도 공소시효가 남아 있다면 신고가 가능합니다.

아동학대 의무신고는 「아동복지법」 제3조 제1항에 따라 내담자가 18세 미만일 경우에만 해당되며, 이 경우 신고대상 기간에 대해서는 법에서 따로 정한 바가 없습니다. 따라서 내담자가 18세 미만이라면 그전에 있었던 아동학대 사건에 대해서는 몇 년 전이든 상관없이 의무신고 대상이 됩니다.

그리고 아동학대는 「아동학대범죄의 처벌 등에 관한 특례법」 제34조 제1항에 따라 아동이 성인이 되었을 때 공소시효가 시작되니 내담자가 18세 이상이라도 공소시효가 완료되기 전까지는 신고가 가능합니다. 그러나 법이 시행된 날짜인 2014년 9월 29일 이전에 공소시효가 완료된 아동학대는 해당되지 않습니다.

각 범죄행위별로 공소시효의 기간은 달리 지정되어 있으며, 각 공소시효의 기간은 다음 「형사소송법」 제249조를 참조하기 바랍니다.

또한 성학대에 대해서 「아동·청소년의 성보호에 관한 법률」 제20조에는 피해자가 성인이 되었을 때 공소시효가 시작된다고 별도로 규정되어 있고, DNA 등 과학적인 증거가 있을 경우 공소시효가 10년 연장되며 피해자가 13세 미만이거나 장애인인 경우 공소시효가 적용되지 않는다고 명시되어 있습니다.

만약 해당 사건의 공소시효 등에 대해서 정확하게 판단하기 어려울 경우에는 수사기관에 문의하는 것이 필요합니다.

관련 조항

「형사소송법」 제249조(공소시효의 기간)

① 공소시효는 다음 기간의 경과로 완성한다.

1. 사형에 해당하는 범죄에는 25년

2. 무기징역 또는 무기금고에 해당하는 범죄에는 15년

3. 장기 10년 이상의 징역 또는 금고에 해당하는 범죄에는 10년

4. 장기 10년 미만의 징역 또는 금고에 해당하는 범죄에는 7년

5. 장기 5년 미만의 징역 또는 금고, 장기 10년 이상의 자격정지 또는 벌금에 해당하는 범죄에는 5년

6. 장기 5년 이상의 자격정지에 해당하는 범죄에는 3년

7. 장기 5년 미만의 자격정지, 구류, 과료 또는 몰수에 해당하는 범죄에는 1년

「형사소송법」제252조(시효의 기산점)

① 시효는 범죄행위의 종료한 때로부터 진행한다.

「아동학대범죄의 처벌 등에 관한 특례법」제34조(공소시효의 정지와 효력)

① 아동학대범죄의 공소시효는 「형사소송법」제252조에도 불구하고 해당 아동
학대범죄의 피해아동이 성년에 달한 날부터 진행한다.

「아동 · 청소년의 성보호에 관한 법률」제20조(공소시효에 관한 특례)

① 아동 · 청소년대상 성범죄의 공소시효는 「형사소송법」제252조 제1항에도
불구하고 해당 성범죄로 피해를 당한 아동 · 청소년이 성년에 달한 날부터 진행
한다.

② 제7조의 죄는 디엔에이(DNA)증거 등 그 죄를 증명할 수 있는 과학적인 증거
가 있는 때에는 공소시효가 10년 연장된다.

③ 13세 미만의 사람 및 신체적인 또는 정신적인 장애가 있는 사람에 대하여 다
음 각 호의 죄를 범한 경우에는 제1항과 제2항에도 불구하고 「형사소송법」제
249조부터 제253조까지 및 「군사법원법」제291조부터 제295조까지에 규정된
공소시효를 적용하지 아니한다.

관련 판례

대법원 판례 2016도7273 (아동학대범죄에 관한 공소시효 정지 규정의 소급 적
용 여부에 관한 사건)

「아동학대범죄의 처벌 등에 관한 특례법」제34조는 '공소시효의 정지와 효력'이
라는 표제 밑에 제1항에서 "아동학대범죄의 공소시효는 「형사소송법」제252조
에도 불구하고 해당 아동학대범죄의 피해아동이 성년에 달한 날부터 진행한다."
라고 규정하며, 부칙은 "이 법은 공포 후 8개월이 경과한 날부터 시행한다."라고
규정하고 있다. 이처럼 「아동학대처벌법」은 신체적 학대행위를 비롯한 아동학대

범죄로부터 피해아동을 보호하기 위한 것으로서, 같은 법 제34조 역시 아동학대 범죄가 피해아동의 성년에 이르기 전에 공소시효가 완성되어 처벌대상에서 벗어나지 못하도록 진행을 정지시킴으로써 보호자로부터 피해를 입은 18세 미만 아동을 실질적으로 보호하려는 취지이다.

이러한 「아동학대처벌법」의 입법 목적 및 같은 법 제34조의 취지를 공소시효를 정지하는 특례조항의 신설·소급에 관한 법리에 비추어 보면, 비록 「아동학대처벌법」이 제34조 제1항의 소급적용 등에 관하여 명시적인 경과규정을 두고 있지는 아니하나, 위 규정은 완성되지 아니한 공소시효의 진행을 일정한 요건 아래에서 장래를 향하여 정지시키는 것으로서, 시행일인 2014. 9. 29. 당시 범죄행위가 종료되었으나 아직 공소시효가 완성되지 아니한 아동학대범죄에 대하여도 적용된다.

질문 49 　아동이 신고 거부 시 대응 방법　　아동이 아동학대 사실을 부모에게나 보호기관에 절대로 알리지 말아 달라고 간청하며, 알릴 경우 상담 서비스는 물론이고 연결된 모든 보호 서비스를 받지 않겠다고 이야기할 때 상담사로서 딜레마에 많이 처합니다. 이럴 때 어떻게 하는 것이 정석적인지 해당 과정 및 필요한 모든 사항을 알려 주세요.

답변 　아동의 안전을 위해서 진행되고 있는 상담과 서비스를 아동이 거절한다 하여도 아동학대 사실을 신고하여야 합니다.

피해아동은 심리적·정서적으로 위축되어 있거나, 신고한다는 것 자체로 죄책감을 느끼거나, 자신의 주변 환경이 바뀔지도 모른다는 불안감과 타인이 자신의 상황을 알게 된다는 것에 대해 불쾌감 등을 가질 수 있습니다. 이와 같은 사유로 부모에게 알려지거나 신고하는 것을 꺼리는 경우가 있습니다. 그러나 이처럼 다양한 심리적·정서적 이유를 가지고 있기에 내담자가 거부하더라도 안전 확보를 위해 신고를 하는 것이 필요하며, 이 경우 아동학대전담공무원과 아동보호전문기관과 협조하여 아동의 거부를 최소화하는 것이 좋습니다.

경미하거나 일반적인 아동학대의 경우에는 수사기관을 통해 사건화되지 않음에 따라 별다른 처벌 없이 가정 내에서 생활하면서 아동보호전문기관을 통해 사례관리를 받게 됩니다. 이 경우 사례관리는 아동에 대한 심리상담 및 치료, 부모에 대한 상담·교육 등이 포함되며 기존 상담기관에서는 협력기관으로서 함께 아동에 대한 사례관리를 진행할 수도 있습니다.

심각한 아동학대범죄의 경우에는 수사기관을 거쳐 검찰, 법원의 명령을 통해 그에 합당한 처벌을 받게 되며, 아동은 국선변호인, 해바라기센터, 아동보호전문기관, 심리상담기관 등 다양한 지역사회 내의 자원을 지원받게 됩니다.

아동이 신고를 거부하였으나 신고한 경우에는 아동의 진술 거부로 충분한 조사가 이루어지지 못하여 사건처리가 되지 않을 수도 있습니다. 그러나 이러한 과정들을 통해 아동의 내재화된 문제가 드러나고 부모나 관련 기관이 아동을 위한 지지망을 형성하게 함으로써 아동이 학대후유증에서 회복되는 것을 도울 수 있을 것입니다.

또한 신고의무자로서 아동학대범죄 신고를 이행하지 않았을 경우에는 다음과 같은 법적 책임이 따르게 됩니다.

관련 조항

「아동학대범죄의 처벌 등에 관한 특례법」

제63조 제1항 제2호(과태료)

① 다음 각 호의 어느 하나에 해당하는 사람에게는 1천만 원 이하의 과태료를 부과한다.

2. 정당한 사유 없이 제10조 제2항에 따른 신고를 하지 아니한 사람

제10조 제2항(아동학대범죄 신고의무와 절차)

② 다음 각 호의 어느 하나에 해당하는 사람이 직무를 수행하면서 아동학대범죄를 알게 된 경우나 그 의심이 있는 경우에는 시·도, 시·군·구 또는 수사기관에 즉시 신고하여야 한다.

질문 50　　아동학대 과신고　　신고의무 조항으로 인해 상담사들은 '즉시' 신고라는 의무감을 갖고 있습니다. 간혹 상담사의 잘못된 판단으로 아동학대가 과신고 되는 사례도 있는 것 같습니다. 과신고의 경우 파생할 수 있는 법적인 문제와 이러한 문제를 다룰 수 있는 방안에는 어떤 것이 있을까요?

답변　　과신고 하더라도 법적인 문제는 야기되지 않습니다. 학대의심이 될 경우 신고하면 됩니다.

　아동학대 신고는 범죄혐의가 명확하고, 유죄를 받을 증거가 있을 때에만 신고하는 것이 아닙니다. 아동학대의 혐의 유무는 수사기관에서 수사를 통하여 밝혀야 할 부분이고, 신고의무는 아동학대가 의심되는 경우에 신고의무자에게 발생되는 것입니다. 따라서 잘못된 판단으로 과신고 하더라도 법적인 문제는 야기되지 않습니다. 그리고 신고할 때에는 수사에 뒷받침이 될 만한 정확한 자료를 함께 제출하는 것이 아동에게 도움이 됩니다. 예컨대, 아동으로부터 청취한 피해내용 및 상담기록지 등을 함께 제출한다면 추후 수사과정에서 혐의를 입증하는 데 도움이 될 것입니다.

관련 조항

「아동학대범죄의 처벌 등에 관한 특례법」 제10조(아동학대범죄 신고의무와 절차)

① 누구든지 아동학대범죄를 알게 된 경우나 그 의심이 있는 경우에는 특별시·광역시·특별자치시·도·특별자치도(이하 "시·도"라 한다), 시·군·구(자치구를 말한다. 이하 같다) 또는 수사기관에 신고할 수 있다.

질문 51 가정폭력 신고 시 아동학대 별도 신고 필요 여부   가정폭력을 신고할 당시 아동학대를 한 정황이 있다면 학대신고를 따로 해야 하나요? 아니면 진술 기반을 고려해 볼 때 한꺼번에 자동 신고가 되나요?

답변   아동학대에 대한 조사가 없었다면 신고하여야 합니다.

가정폭력으로 경찰에 신고가 되면 아동학대 내용에 대해서도 함께 조사하는 것이 일반적입니다. 그러나 부모가 피해아동이 진술을 하지 못하도록 회유하거나 나이가 어린 아동이 제대로 진술하지 않아 수사과정에서 누락되는 경우가 있을 수 있습니다.

따라서 이러한 상황을 감안하여 아동에게 아동학대에 대한 진술 여부를 재차 확인하고, 누락되었다면 담당경찰관 또는 수사관에게 아동학대 여부에 대해서도 수사해 달라고 요청하는 것이 필요합니다. 담당경찰관 등에 대한 상세 정보가 없는 경우에는 아동학대 건으로 별도 신고하면서 가정폭력 신고 등 관련 사항을 함께 말씀하면 됩니다.

질문52 수감 중인 가정폭력 가해자에 대한 아동학대 신고 필요 여부

아동의 아버지가 가정폭력 현행범으로 체포되어 수감 중인데, 아동이 학교에 와서 상담교사에게 '비밀'이라 말하고 아버지의 학대 상황을 상당히 구체적으로 진술하였습니다. 이 경우에 학교 상담교사는 이미 수감 중인 아버지를 다시 학대 신고를 해야 하나요?

답변 가정폭력 사건 수사 당시 아동학대 사건이 같이 처리되었는지 여부를 알 수 없기에 신고를 하는 것이 필요합니다.

법원이 판결을 할 때에는 관련 사항을 모두 고려하나, 간혹 부모들의 회유나 아동의 심리적인 문제 등으로 수사과정에서 아동학대에 대한 부분이 간과될 수 있기 때문에 재수사가 필요한지 등을 사법기관에서 판단할 수 있도록 신고를 하는 것이 필요합니다.

질문 53 아동학대 신고의 취소   이미 수사기관에 신고한 내용을 취소할 수 있나요? 취소하면 경찰조사를 받지 않는 것으로 알고 있는데, 시·군·구 아동학대전담공무원의 조사는 왜 받아야 하나요?

답변   아동학대 신고 후 그 내용을 취소할 수 있으며, 이 경우 경찰은 범죄행위가 명백한 경우가 아니라면 조사를 실시하지 않으나 아동학대전담공무원은 아동학대 예방 및 아동의 복리를 위해 조사를 실시해야 할 의무가 있습니다.

일선 현장의 사례를 살펴보면, 아동이 보호자로부터 아동학대를 당하였다고 신고를 하였으나 현장에 경찰관이 출동해 보면 훈육과정에서의 꾸지람으로 밝혀지는 경우가 있고, 이웃주민이 아이의 울음소리를 듣고 신고를 하였다가 추후 아동학대가 아닌 것을 알고 신고를 취소하는 경우도 있습니다. 또한 교육기관에서 아동학대 의심신고를 하였다가 추후 훈육이라며 신고를 취소할 수 없는지 문의하는 경우가 있습니다. 이러한 상황에서 경찰은 아동학대 범죄가 의심되면 수사로 이어지지만, 아동학대 혐의가 불분명할 경우에는 시·군·구 아동학대전담공무원에게 사례관리로 인계하면서 추후 아동학대 혐의가 발견되면 재차 수사의뢰를 하도록 요청하게 됩니다. 이러한 이유로 경찰에 신고를 하였으나 취소한 경우 시·군·구 아동학대전담공무원에게 조사를 받는 상황이 발생하게 됩니다.

　이것은 아동학대범죄를 다루는 경찰과는 달리, 시·군·구 아동학대전담공무원은 아동복지적 관점에서 사례개입이 가능한 정보가 파악되었다면 신고자의 의사와 무관하게 현장출동을 해서 조사해야 하는 의무가 있기 때문입니다.

　그러나 경찰에서 아동학대 혐의가 인정되어 수사가 진행되는 상황이라면 신고를 취소하더라도 수사가 중지되거나 종결되지는 않습니다.

질문 54 악의적인 허위신고 시 처벌   아동이 신고기관(112, 아동보호전문기관 등)을 상습적으로 이용하는 경우(부모, 선생님 등과 사이가 좋지 않은 경우)에는 어떻게 대응해야 하나요? 악의적인 허위신고로 판단될 경우, 신고자에 대한 처벌이 있나요?

답변   아동의 연령, 허위신고의 내용에 따라 즉결심판, 소년보호처분, 형사처분 등을 받을 수 있습니다.

아동이 자신과 사이좋지 않은 교원을 신고하거나 부모 또는 상담기관의 상담사를 지속적으로 신고하는 경우 신고를 당한 당사자는 이를 소명하기 위하여 어려움을 겪게 되며, 시·군·구 아동학대전담공무원 및 경찰은 조사를 위해 행정력을 낭비하게 됩니다.

이러한 악의적인 허위신고로 인해 피해가 지속되는 경우에는 허위신고의 내용과 행위의 경중 여부에 따라 즉결심판, 소년보호처분, 형사처분으로 구분하여 처벌할 수 있습니다.

만 10세에서 만 13세까지는 형사미성년자이지만 「소년법」상 '촉법소년'으로서 경찰에서 조사 후 가정법원으로 사건이 보내져 소년보호처분을 받게 됩니다. 이럴 경우 피해를 입은 상대방은 관할 경찰서에 고소장 대신 진정서를 제출함으로써 법적 도움을 요청할 수 있습니다.

만 14세 이상의 소년이 범죄행위를 하게 되면 '범죄소년'으로서, 관할 경찰서에 고소장을 제출하거나 112신고를 하여 법적인 도움을 요청할 수 있습니다. 이후 경찰에서는 사안을 조사한 후 사건 경중에 따라 즉결심판, 형사처분 등으로 사건을 처리하게 됩니다.

　피해 유형에 따라 여러 가지 범죄가 성립될 수 있으니 진정서 또는 고소장을 제출하기 전에 경찰서 '사건 민원상담사'를 통하여 법률적인 조언을 들은 후 진행하면 도움이 될 것입니다.

관련 조항

「형법」 제9조(형사미성년자)

14세 되지 아니한 자의 행위는 벌하지 아니한다.

「소년법」 제4조(보호의 대상과 송치 및 통고)

① 다음 각 호의 어느 하나에 해당하는 소년은 소년부의 보호사건으로 심리한다.

1. 죄를 범한 소년(범죄소년)

2. 형벌 법령에 저촉되는 행위를 한 10세 이상 14세 미만인 소년(촉법소년)

질문 55 아동학대 신고 후 조사 절차 및 아동에 대한 조치 내용 아동학대 신고가 들어가면 어떤 절차로 조사가 이루어지고, 아동에게 어떤 조치를 취해 주나요? (112에 신고할 경우, 또는 시·군·구로 직접 신고할 경우)

답변 112로 경찰에 신고하든 관할 시·군·구로 신고하든 효력은 동일하게 발생됩니다.

최근 아동학대 피해가 중대해지고 범죄의 심각성이 높아짐에 따라 경찰 및 지자체에서도 협업하여 강력 대응에 나서고 있습니다. 먼저 아동학대 신고를 112를 통해서 접수하게 되면 관할 지구대 및 경찰서 여성청소년수사팀으로 동시에 통보가 이루어지며, 경찰서에서는 아동학대전담공무원에게 통보하여 현장에 동행 출동하게 됩니다. 경찰이 아닌 시·군·구에 직접 신고하게 되더라도 아동학대전담공무원과 경찰 간 통보를 거쳐 역시 동행 출동하여 신고 처리가 이루어지게 됩니다.

그러나 기관의 사정으로 경찰과 아동학대전담공무원이 함께 출동하지 못하는 경우에는 내담자가 조사를 두 번 받게 되는 경우도 발생합니다.

아동학대 신고전화를 받게 되면 먼저 기본정보를 파악하게 되며, 그 과정에서 일반상담이 아닌 아동학대 의심사례로 분류되면 현장조사를 실시하게 됩니다. 현장조사 결과 학대의 정도가 아동의 분리나 가해자의 격리 등이 필요하지 않은 경우, 아동은 원래 생활하던 가정 내에서 지내면서 아동보호전문기관을 통해 심리검사, 치료 등의 사례관리를 받게 됩니다.

그러나 아동학대의 정도가 재학대로 의심되는 위급한 상황으로 판단되면 아동은 분리되어 보호시설이나 의료기관으로 인도되거나 가해자에 대해 행위의 제지나 격리가 행해지며, 필요시 가해자로부터 아동을 보호하기 위하여 비밀전학도 가능합니다(「아동복지

〈표 10-1〉 **학대피해아동에 대한 조치내용**

구분	조치 세부 내용
응급조치 (「아동학대처벌법」 제12조)	1. 아동학대범죄 행위의 제지 2. 아동학대행위자를 피해아동 등으로부터 격리 3. 피해아동 등을 아동학대 관련 보호시설로 인도 4. 긴급치료가 필요한 피해아동을 의료기관으로 인도하는 조치를 하는 것으로 그 기간의 상한은 72시간임
피해아동 보호명령 (「아동학대처벌법」 제47조)	1. 아동학대행위자를 피해아동의 주거지 또는 점유하는 방실(房室)로부터의 퇴거 등 격리 2. 아동학대행위자가 피해아동 또는 가정구성원에게 접근하는 행위의 제한 3. 아동학대행위자가 피해아동 또는 가정구성원에게 「전기통신기본법」 제2조 제1호의 전기통신을 이용하여 접근하는 행위의 제한 4. 피해아동을 아동복지시설 또는 장애인복지시설로의 보호위탁 5. 피해아동을 의료기관으로의 치료위탁 5의2. 피해아동을 아동보호전문기관, 상담소 등으로의 상담·치료위탁 6. 피해아동을 연고자 등에게 가정위탁 7. 친권자인 아동학대행위자의 피해아동에 대한 친권 행사의 제한 또는 정지 8. 후견인인 아동학대행위자의 피해아동에 대한 후견인 권한의 제한 또는 정지 9. 친권자 또는 후견인의 의사표시를 갈음하는 결정

법」 제29조). 이후 법원을 통해 피해아동보호명령이 내려지면 아동을 보호하기 위하여 가해자에게 퇴거, 친권 행사 정지 등의 조치가 취해지며, 아동에 대해서는 아동복지시설 또는 장애인복지시설로의 보호위탁, 상담, 가정위탁 등이 제공됩니다.

관련 조항

「아동복지법」 제29조(피해아동 및 그 가족 등에 대한 지원)

⑤ 국가와 지방자치단체는 「초·중등교육법」 제2조 각 호의 학교에 재학 중인 피해아동 및 피해아동의 가족이 주소지 외의 지역에서 취학(입학·재입학·전학·편입학을 포함한다. 이하 같다)할 필요가 있을 때에는 그 취학이 원활하게 이루어질 수 있도록 지원하여야 한다.

> **질문 56** 아동학대 신고자 보호 저는 상담사로서 아동학대 신고
> 의무자이기 때문에 아동학대 사건을 인지하고 경찰
> 에 신고를 했습니다. 그랬더니 경찰서에서 저의 소속과 이름
> 을 물어봤습니다. 저는 신고자로서 신변이 보호되기를 원하
> 는데 경찰서에서는 이를 배려하지 않았습니다. 가해 부모가
> 신고한 사람이 누군지 알게 되어 신고자를 협박하는 행위를
> 할 때 법적으로 어떤 보호를 받을 수 있으며, 노출된 경우 조
> 치방법에는 어떤 것이 있을까요? 그리고 어떻게 해야 신고자
> 보호가 될까요?

> **답변** 신고자 정보는 비밀보장이 원칙이며, 노출되었을 경우에는 경찰서
> 장에게 신변경호, 주기적 순찰 등 보호조치를 요청할 수 있습니다.

아동학대 신고자의 정보에 대해서는 비밀보장이 원칙이며, 위반
시에는 징역, 자격정지, 벌금 등의 처분을 받을 수 있으며, 신고자
에게 불이익 조치가 가해졌을 때에도 징역 또는 벌금의 처벌을 받
을 수 있습니다.

또한 「아동학대처벌법」 제10조의 3에 따라 아동학대범죄 신고
자에 대한 보호는 「특정범죄신고자 등 보호법」 제7조부터 제13조
까지의 규정을 준용하도록 되어 있으므로 신고자는 필요시 관할
경찰서장에게 신변경호, 주기적 순찰 등 신고자의 신변을 보호할
수 있는 조치를 요청할 수 있으며, 검사 또는 경찰서장은 범죄 신고
자가 보복을 당할 우려가 있는 경우에 일정 기간 동안 주거지 또는

현재지에 다음과 같은 신변안전조치를 할 수 있습니다.

> • 일정 기간 동안의 특정시설에서의 보호
> • 일정 기간 동안의 신변경호
> • 참고인 또는 증인으로 출석 · 귀가 시 동행
> • 내담자의 주거에 대한 주기적 순찰이나 폐쇄회로 텔레비전의 설치 등 주거에 대한 보호
> • 그 밖에 신변안전에 필요하다고 인정되는 조치

증인으로 소환된 신고자가 보복을 당할 우려가 있는 경우 법원은 공판조서에 인적 사항의 전부 또는 일부를 기재하지 않을 수 있으며, 피고인이나 방청인을 퇴정시키거나 공개법정 외의 장소에서 증인신문을 할 수 있습니다.

아울러 검사 또는 사법경찰관은 조서나 그 밖의 서류 작성 시 신고자 인적 사항 기재를 생략할 수 있으며, 검사는 범죄 신고자가 보복을 당할 우려가 있는 경우 신원관리카드의 열람을 허가하지 않도록 하고 있습니다.

관련 조항

「아동학대처벌법」

제62조(비밀엄수 등 의무의 위반죄)

① 제35조 제1항에 따른 비밀엄수 의무를 위반한 보조인, 진술조력인, 아동보호전문기관 직원과 그 기관장, 상담소 등에 근무하는 상담원과 그 기관장 및 제10조 제2항 각 호에 규정된 사람(그 직에 있었던 사람을 포함한다)은 3년 이하의

징역이나 5년 이하의 자격정지 또는 3천만 원 이하의 벌금에 처한다. 다만, 보조인인 변호사에 대하여는 「형법」 제317조 제1항을 적용한다.

② 제10조 제3항을 위반하여 신고인의 인적 사항 또는 신고인임을 미루어 알 수 있는 사실을 다른 사람에게 알려주거나 공개 또는 보도한 자는 3년 이하의 징역이나 3천만 원 이하의 벌금에 처한다.

③ 제35조 제2항의 보도 금지 의무를 위반한 신문의 편집인 · 발행인 또는 그 종사자, 방송사의 편집책임자, 그 기관장 또는 종사자, 그 밖의 출판물의 저작자와 발행인은 500만 원 이하의 벌금에 처한다.

제62조의2(불이익조치 금지 위반죄)
① 제10조의2를 위반하여 아동학대범죄신고자등에게 파면, 해임, 해고, 그 밖에 신분상실에 해당하는 신분상의 불이익조치를 한 자는 2년 이하의 징역 또는 2천만 원 이하의 벌금에 처한다.

② 제10조의2를 위반하여 아동학대범죄신고자등에게 다음 각 호의 어느 하나에 해당하는 불이익조치를 한 자는 1년 이하의 징역 또는 1천만 원 이하의 벌금에 처한다.

1. 징계, 정직, 감봉, 강등, 승진 제한, 그 밖에 부당한 인사조치
2. 전보, 전근, 직무 미부여, 직무 재배치, 그 밖에 본인의 의사에 반하는 인사조치
3. 성과평가 또는 동료평가 등에서의 차별과 그에 따른 임금 또는 상여금 등의 차별 지급
4. 교육 또는 훈련 등 자기계발 기회의 취소, 예산 또는 인력 등 가용자원의 제한 또는 제거, 보안정보 또는 비밀정보 사용의 정지 또는 취급 자격의 취소, 그 밖에 근무조건 등에 부정적 영향을 미치는 차별 또는 조치
5. 주의 내담자 명단 작성 또는 그 명단의 공개, 집단 따돌림, 폭행 또는 폭언, 그 밖에 정신적 · 신체적 손상을 가져오는 행위
6. 직무에 대한 부당한 감사 또는 조사나 그 결과의 공개

「특정범죄신고자 등 보호법」의 아동학대 신고자 보호 관련 조문

제7조(인적 사항의 기재 생략), 제8조(인적 사항의 공개 금지), 제9조(신원관리카드의 열람), 제10조(영상물 촬영), 제11조(증인소환 및 신문의 특례), 제12조(소송진행의 협의), 제13조(신변안전조치)

질문 57 학대 신고 후 가족갈등이 심해진 경우   제 내담자의 부모는 자녀를 훈계하는 과정에서 폭력을 자주 사용하여 학교의 교사가 학대 신고를 하였습니다. 이후 오히려 가족 간에 갈등이 더 심각해졌습니다. 이와 같이 학대 신고 이후 가정 내 부모자녀 관계가 더욱 악화되는 것을 막을 방법이 없을까요?

답변 부모의 양육태도와 자녀의 행동 변화가 필요합니다.

부모의 양육태도와 자녀의 행동패턴에 변화가 없으면 신고 이후 갈등이 심화되는 경우가 많습니다. 이런 경우에는 부모 및 아동에게 심리검사, 성격검사 등 도움이 되는 검사를 실시하고 지속적인 부모교육 및 아동과 부모에 대한 상담·심리 치료를 병행하는 것이 필요하며, 아동보호전문기관에서 관련 서비스를 제공하고 있습니다.

그리고 부모와 자녀의 관계 개선을 위해 초기에는 부모와 자녀에게 개별접근을 하고, 서로 준비가 되었을 때 협력관계를 도모하도록 시도합니다. 부모에게는 부모교육을 통해 부모와 자녀 모두의 어려움을 듣고 공감하되, 누구를 탓하거나 잘못을 지적하지 않는 대신 바람직한 양육행동을 구체적으로 알려 주고 실천할 수 있도록 돕고, 긍정적 변화에 대해 칭찬하고 격려하는 것이 필요합니다.

질문 58 학대 신고 후 아동의 상황이 더 불리해질 경우   부나 모의 아동폭력이나 성폭력 관련 상담 시, 경찰에 신고해도 결과적으로는 아동이나 청소년이 보호되지 않고 형식적이기만 하고 크게 의미가 없을 때가 많았습니다. 또한 아동보호전문기관에서 부나 모를 불러 교육이나 의무적으로 집단상담을 받게 하는 등 사후관리를 해도 결국은 아동학대 신고로 인해 아동이나 청소년이 더 불리해지고 학대 문제의 시원한 해결점은 잘 찾아지지 않는 것 같았습니다. 이처럼 도와주려던 의도가 오히려 아동이나 청소년의 상황을 더 불리하게 만들 때, 이에 대한 대안이 궁금합니다.

답변 아동보호전문기관, 아동학대전담공무원 및 관련 기관과 함께 통합사례회의를 통해 해결점을 찾아보는 것이 좋습니다.

아동학대 신고를 하게 되면 상황의 심각성, 부모의 성향, 아동의 연령 등을 신중히 고려하여 법적 조치가 필요한지, 아동의 분리가 필요한지 또는 부모교육이나 사례관리가 필요한지 등을 결정하게 됩니다. 이러한 사유로 인해 아동학대사건이라도 경찰조사 후 검찰로 송치되거나 법원에서 재판을 받지 않고 종결되는 사례도 많으며, 이 경우 신고 이후 오히려 가족 간의 갈등이 심화되거나 아동이 불리해지는 경우도 있습니다.

이러한 경우에는 꾸준한 사례관리를 통해 가족 기능을 회복하고 해결점을 찾아가는 노력이 필요합니다. 물론 다양한 사회적·경제적 요인 등으로 인해 단기간에 해결점을 찾기는 쉽지 않겠으나, 관련 기관과의 통합사례회의를 통해 아동 및 가정의 강점을 강화하고 아동의 여건을 개선할 수 있는 다양한 방법을 모색할 수 있을 것입니다. 아동학대를 신고하지 않고 지나간다면 문제를 직시하고 해결을 위한 노력조차 하지 못할 수도 있습니다.

11 · 아동학대 조사

경찰과 시·군·구 중복수사 사유   아동학대 신고가 접수
되면 왜 112 또는 시·군·구 아동학대전담공무원이
중복으로 조사를 하나요? (112에서 출동할 당시 현장조사가 끝났
는데 왜 시·군·구에서 같은 내용으로 다시 조사를 하나요?)

답변   아동학대전담공무원의 조사와 수사기관의 수사는 별개의 절차로
서 각기 진행됨에 따른 것입니다.

112에 신고하면 경찰은 아동학대범죄의 관점에서 조사 또는 수
사를 실시하게 되며, 아동학대범죄가 아닌 경우에는 사건종결을
하게 됩니다. 이때 시·군·구 아동학대전담공무원과 동행 출동하
여 현장조사를 하지 못한 경우, 경찰에서는 조사 내용을 시·군·
구에 통보하게 됩니다. 그러나 시·군·구에서는 향후 사례관리
등을 위해서 아동학대가 일회성이거나 경미한 사례라도 아동을 직
접 대면하여 조사를 실시하고 아동복지적 관점에서 아동학대 여부
를 판단해야 함에 따라 현장조사를 별도로 실시하게 됩니다.

2019년 아동학대 통계를 살펴보면 아동학대로 판단된 전체
30,045건 중에 경찰을 통해 사건화되어 수사가 진행된 건은 36.6%
인 10,998건에 불과하며 이 외는 아동보호전문기관을 통해 아동학

대로 판단되었으나 사례관리만 진행된 경우입니다.

그리고 아동학대범죄로 사건화되는 경우에도 가해자에 대해서는 수사기관에서 처벌이 진행되나, 아동에 대해서는 별도의 사례관리가 필요함에 따라 시·군·구에서 조사를 실시하게 됩니다. 다만, 경찰에서 아동학대전담공무원의 별도 조사로 인해 내담자의 진술이 오염되는 것을 우려하여 조사의 중단을 요청하는 경우에는 경찰의 수사 내용을 파악하는 것으로 갈음할 수 있습니다.

이러한 절차는 내담자의 입장에서 중복적인 조사로 느껴질 수 있어 경찰과 시·군·구에서 합동조사를 실시하고자 노력하고 있으나, 모든 아동학대 신고 건을 경찰과 합동으로 실시하기에는 현실적으로 어려움이 따르는 실정입니다.

질문 60 진술 거부 시 불이익 사항   학대행위자 또는 피해아동이 조사를 거부할 경우에는 어떤 처벌(또는 불이익)을 받나요?

답변 피해아동이 진술을 거부할 경우에는 특별한 처벌이나 불이익을 받지 않지만, 학대행위자가 정당한 사유 없이 현장조사를 거부할 경우에는 처벌을 받게 됩니다.

피해아동이 진술을 거부할 경우에는 진술을 거부하는 이유가 무엇인지 아동을 깊이 탐색하고, 아동에게 편안한 환경을 제공하고, 아동이 믿고 의지하는 사람을 배석하는 등 피해 진술을 이끌어 내는 노력이 필요합니다. 아동이 지속적으로 진술을 거부하더라도 특별한 처벌이나 불이익은 받지 않는 반면, 학대행위자가 정당한 사유 없이 현장조사를 거부하거나 아동학대전담공무원의 출석·진술 및 자료제출 요구에 따르지 아니하거나 거짓으로 진술 또는 자료를 제출한 경우, 「아동학대범죄의 처벌 등에 관한 특례법」상 1천만 원 이하의 과태료 처분을 받을 수 있습니다. 또한 관계 공무원 및 아동보호전문기관의 직원을 폭행, 협박하게 되면 공무집행방해 및 「아동학대범죄의 처벌 등에 관한 특례법」 위반으로 형사적인 처벌을 받게 됩니다.

관련 조항

「아동학대범죄의 처벌 등에 관한 특례법」 제11조(현장출동)

② 아동학대범죄 신고를 접수한 사법경찰관리나 아동학대전담공무원은 아동학대범죄가 행하여지고 있는 것으로 신고된 현장 또는 피해아동을 보호하기 위하여 필요한 장소에 출입하여 아동 또는 아동학대행위자 등 관계인에 대하여 조사를 하거나 질문을 할 수 있다. 다만, 아동학대전담공무원은 다음 각 호를 위한 범위에서만 아동학대행위자 등 관계인에 대하여 조사 또는 질문을 할 수 있다.

1. 피해아동의 보호

2. 「아동복지법」 제22조의4의 사례관리계획에 따른 사례관리(이하 "사례관리" 라 한다)

③ 시·도지사 또는 시장·군수·구청장은 제1항에 따른 현장출동 시 아동보호 및 사례관리를 위하여 필요한 경우 아동보호전문기관의 장에게 아동보호전문기관의 직원이 동행할 것을 요청할 수 있다. 이 경우 아동보호전문기관의 직원은 피해아동의 보호 및 사례관리를 위한 범위에서 아동학대전담공무원의 조사에 참여할 수 있다.

···→ (벌칙) 제61조 제1항(업무수행 등의 방해죄)

① 업무를 수행 중인 사법경찰관리, 아동학대전담공무원이나 아동보호전문기관의 직원에 대하여 폭행 또는 협박하거나 위계 또는 위력으로써 그 업무수행을 방해한 사람은 5년 이하의 징역 또는 5천만 원 이하의 벌금에 처한다.

② 단체 또는 다중의 위력을 보이거나 위험한 물건을 휴대하여 제1항의 죄를 범한 때에는 그 정한 형의 2분의 1까지 가중한다.

③ 제1항의 죄를 범하여 사법경찰관리, 아동학대전담공무원이나 아동보호전문기관의 직원을 상해에 이르게 한 때에는 3년 이상의 유기징역에 처한다. 사망에 이르게 한 때에는 무기 또는 5년 이상의 징역에 처한다.

···→ (과태료) 제63조(과태료) 부과

① 다음 각 호의 어느 하나에 해당하는 사람에게는 1천만 원 이하의 과태료를 부과한다.

3. 정당한 사유 없이 제11조 제6항을 위반하여 사법경찰관리, 아동학대전담공무원 또는 아동보호전문기관의 직원이 수행하는 현장조사를 거부한 사람

3의 2. 정당한 사유 없이 제11조의2 제1항 후단을 위반하여 아동학대전담공무원의 출석 · 진술 및 자료제출 요구에 따르지 아니하거나 거짓으로 진술 또는 자료를 제출한 사람

질문 61 아동학대 행위자에 대한 처벌 아동학대로 판정된 행위자는 어떤 처벌을 받게 되나요?

답변 격리, 접근금지, 친권제한 또는 정지, 사회봉사·수강 명령, 보호관찰, 감호위탁, 치료위탁, 상담 및 교육위탁, 벌금, 징역 등의 처벌을 받습니다.

아동학대 현장조사 결과, 사건이 중대하여 아동의 안전을 긴급히 확보할 필요가 있다고 판단되면 사법경찰관은 가해자에 대해서는 긴급임시조치를 통해 퇴거, 아동에의 접근금지 등의 조치를 우선 취할 수 있으며, 아동에 대해서는 응급조치를 실시함으로써 행위자에 대하여 행위의 제지, 격리 등의 조치를 가할 수 있습니다.

긴급임시조치 이후에도 행위자에 대한 제재가 필요하다고 판단되면 검사가 가정법원에 임시조치를 신청하게 되고 결정이 되면 상담, 교육 위탁 등 다양한 조치가 행위자에게 내려집니다.

그 후 경찰의 수사 결과에 따라 수사가 종료되거나(내사종결), 검사에게 사건을 보내게 되며(사건송치), 검사는 조사를 통해 공소제기, 아동보호사건 송치, 조건부 기소유예, 불기소 등의 처분을 하게 됩니다.

공소제기가 되어 형사법원에 가면 징역 등의 처벌을 받게 되며, 아동보호사건으로 송치되면 가정법원에서 접근금지, 친권제한 또는 정지, 사회봉사·수강 명령, 보호관찰, 감호위탁, 치료위탁, 상담위탁의 처분인 보호처분을 받습니다.

아동학대 행위자 처벌과정에 대해서는 다음 〈표 11-1〉를 참조하시기 바랍니다.

아울러 아동학대범죄의 사건화와 별개로 행위자에 대해서는 아동보호전문기관에서 부모교육, 사례관리, 심리치료, 지역자원연계 등의 서비스를 제공함으로써 부모 및 가족의 역량을 강화하고 있습니다.

〈표 11-1〉 **아동학대 행위자에 대한 처벌과정**

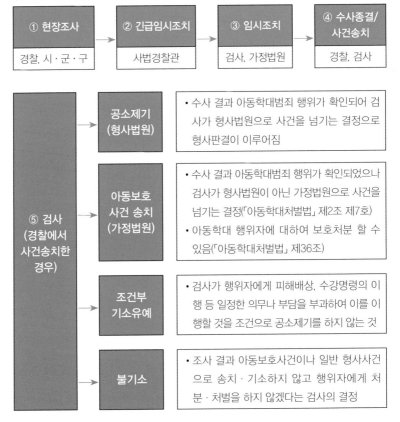

다음 〈표 11-2〉는 아동학대 행위자에 대한 조치내용이며, 응급
조치와 피해아동보호명령은 아동을 보호하기 위한 조치이나 이중
행위의 제한, 행위자 격리, 퇴거, 접근금지 등의 조치 또한 행위자
에 대한 처벌에 해당됩니다.

〈표 11-2〉 **아동학대 행위자에 대한 조치내용**

구분	조치 세부 내용
응급조치 (아동)	현장조사 결과 학대피해가 확인되고 재학대의 위험이 급박·현저한 경우, 사법경찰관리 또는 아동학대전담공무원이 피해아동 등의 보호를 위하여 행하는 조치(「아동학대처벌법」 제12조) ① 행위의 제지, ② 행위자 격리, ③ 보호시설 인도, ④ 의료기관 인도
긴급임시 조치 (행위자)	사법경찰관이 응급조치에도 불구하고 아동학대범죄가 재발될 우려가 있고, 긴급을 요하는 경우 직권 또는 신청에 따라 하는 임시조치(「아동학대처벌법」 제13조) ① 퇴거, ② 접근금지, ③ 전기통신을 이용한 접근금지
임시조치 (행위자)	아동학대범죄가 재발될 우려가 있다고 인정하는 경우에는 직권 또는 신청에 따라 법원에 임시조치 청구할 수 있음(「아동학대처벌법」 제14조) ① 퇴거, ② 접근금지, ③ 전기통신을 이용한 접근금지, ④ 친권행사 제한·정지, ⑤ 상담 및 교육위탁, ⑥ 의료기관 등 요양소 위탁, ⑦ 유치장 또는 구치소 유치
보호처분 (행위자)	아동보호사건의 심리의 결과 판사는 아동학대행위자에 대하여 접근금지, 보호관찰, 아동보호전문기관에 대한 상담처분 등 필요하다고 생각하는 보호처분을 할 수 있음(「아동학대처벌법」 제36조) ① 접근금지, ② 전기통신을 이용한 접근금지, ③ 친권행사 제한·정지, ④ 사회봉사·수강 명령, ⑤ 보호관찰, ⑥ 감호위탁, ⑦ 치료위탁, ⑧ 상담위탁
피해아동 보호명령 (아동)	판사는 직권 또는 청구권자의 청구에 따라, 피해아동호보명령 결정을 할 수 있으며, 피해아동에 대한 조치임(「아동학대처벌법」 제47조) ① 퇴거, ② 접근금지, ③ 전기통신을 이용한 접근금지, ④ 보호위탁, ⑤ 치료위탁, ⑥ 가정위탁, ⑦ 친권 행사 제한·정지, ⑧ 후견권 행사 제한·정지, ⑨ 친권자·후견인 의사표시를 갈음하는 결정

질문 62 아동학대 행위자 사례관리   아동학대 행위자에 대한 사례관리는 어떤 방식으로 얼마 동안 진행이 되나요?

답변   아동학대 행위자에 대한 사례관리는 아동보호전문기관에서 가정방문 또는 내방을 통해 부모교육, 상담, 심리치료 등의 형식으로 이루어집니다.

법원을 통해 상담이나 수강명령이 내려진 경우는 그 기간에 맞추어서 사례관리가 이루어지게 됩니다.

법원의 사회봉사 · 수강 명령은 각각 200시간을 초과할 수 없도록 규정되어 있고, 상담위탁은 1년을 초과할 수 없도록 되어 있으며[「아동학대처벌법」 제37조(보호처분의 기간)], 상담이나 수강 받을 기관을 법원에서 정하고 있습니다.

법원의 명령이 없는 경우에는 아동보호전문기관에서 가정으로 직접 방문하거나 행위자가 아동보호전문기관을 내방하게 하여 심리상담, 분노조절, 양육지원, 가족관계 개선 프로그램, 심리검사 등을 통해 사례관리가 이루어지고 있으며, 사례관리 기간은 학대의 정도, 학대 지속기간, 부모의 특성 등에 따라 다르나 일반적으로 6개월 미만의 단기와 6개월 이상의 장기로 구분되어 실시됩니다.

질문 63 친모가 성학대를 덮으려고 할 경우   한부모 가정으로 친모(또는 친부)가 양육자인 경우, 외조부모(또는 친조부모)에 의한 (성)학대가 발생한 후 학대의심정황을 양육자가 덮으려고(부정하려고) 할 때 조치방안은 무엇인가요?

답변 피해아동이 진술할 능력과 의사가 있는지를 먼저 확인하고 아동학대 신고를 통해 가족으로부터 분리하는 것이 필요합니다.

피해아동이 만 14세 이상이고 진술하기를 원한다면 아동이 사실을 말하지 못하도록 가족들이 강요 또는 정서적 학대를 할 여지가 있기 때문에, 아동학대 신고를 통해 법적으로 접근금지 명령을 받아 진술을 확보할 수 있습니다.

또한 피해아동보호명령을 통해 아동을 분리한 후 진술을 확보하고 재판이 끝날 때까지 진술이 오염되지 않도록 가족과의 접촉을 차단하는 방법도 있으며, 만 14세 미만이라면 친권자의 의사표시에 갈음하는 결정으로 진술동의를 받거나, 친권을 정지시키고 임시후견인을 선임하여 조사를 진행할 수도 있습니다.

아울러 법원에서는 친부에 의한 성학대 사실을 알고서도 신고하거나 필요한 조치를 취하지 않은 모를 아동학대 방임으로 판단한 사례도 있습니다(의정부지법 2019. 9. 5. 선고).

관련 판례

의정부지법 2019. 9. 5. 선고 2018노336 판결(모가 친부에 의한 성학대를 신고하지 않은 경우 / 방임)

피고인은 당시 9세였던 피해아동의 속옷에 노란 분비물이 있어 병원에서 진료를 받게 한 후 무슨 일이 있었는지 물었고 피해아동이 "사실 아빠가 날 건드렸어. 팬티를 벗기고 거기를 빨았어."라고 대답하여 배우자가 피해아동을 추행 내지 강간하였음을 알게 되었다.

그러나 피고인은 "아빠인데 설마 더는 그렇지 않겠지."라고 생각하며 피해아동과 가해자를 격리하거나 가해자의 행위를 제지하거나 수사기관에 신고하는 등 아무런 조치를 취하지 않고, 가해자가 피해아동에게 지속적으로 성폭력범죄를 범하도록 방치하였다.

피고인은 피해아동이 친부로부터 강간을 당한 사실을 알면서도 이를 방임하여 결국 피해아동은 수년간 지속적인 성폭행을 당하게 되었다. 이로 인하여 피해아동은 성병에 걸리게 되었고, 스스로를 부적절하고 무가치한 존재로 여기는 등 심한 우울증을 호소하고 있다.

누구든지 자신의 보호 · 감독을 받은 아동을 유기하거나 의식주를 포함한 기본적인 보호 · 양육 · 치료 및 교육을 소홀히 하는 방임행위를 하여서는 아니 된다.

12 · 아동학대 판단

진술 거부 시 아동학대 판단 여부 아동 혹은 가해 의심자가 진술을 거부할 경우 한쪽의 진술만으로 아동학대 판단이 가능하나요?

답변 학대 관련 사진, 주변인 진술, 영상기록 등을 통해 판단이 가능합니다.

가해 의심자가 진술을 거부할 경우에 상흔, 학교 친구 등 주변인의 진술, 병원기록, 학대발생장소 조사 및 현장사진, 도구 등 학대와 관련한 사진, 영상기록 등을 통해 아동의 진술만으로도 아동학대 판단이 가능합니다. 또한 아동이 다양한 사유로 인해 진술을 거부할 경우에도 앞서 언급한 것과 같은 여러 가지 정황을 종합하여 아동을 위한 서비스 제공을 위해 아동복지적 관점에서 아동학대 판단이 가능합니다.

질문 65 부모의 병으로 아동을 돌보지 못한 경우의 방임 여부 부모가 아파서 본인 몸도 제대로 돌볼 수 없는 경우(부모를 도와줄 주변인이 없는 경우), 아동을 제대로 돌보지 못하면 방임에 해당하나요?

답변 병으로 자신도 돌보지 못하고, 도와줄 주변인조차 없는 상태에서 자녀를 제대로 돌보지 못하였다고 하여 방임에 따른 법적 처벌을 받을 개연성은 높지 않으나, 아동의 건강한 성장과 발달을 위해 방임으로 판단하고 아동을 분리하여 보호하거나 필요한 서비스를 연계하는 경우는 있습니다.

방임으로 판단하기 위해서는 고의로 아동을 방임한 사실이 확인되어야 합니다. 여기서 고의는 아이를 돌보지 않겠다는 인식과 의욕을 말하며, 법원의 판례를 보면 미필적 고의도 고의에 해당된다고 되어 있으나 이 또한 그 결과의 발생가능성을 예견하면서도 그것을 용인한 심리상태를 말하고 있습니다.

질문의 경우처럼 병으로 자신과 아동을 돌볼 수 없는 상황으로 다른 방도가 없어 어쩔 수 없이 아동을 제대로 돌보지 못한 것으로, 고의성이 없다고 판단되면 방임으로 인한 법적 처벌은 받지 않을 것으로 보입니다. 그러나 아동학대 사건은 아동의 나이, 부모의 병세 상황, 아동의 돌봄을 위한 노력 등을 종합적으로 고려하여 판단될 수 있기에 부모가 병이 있어 아동을 제대로 돌보지 않은 상황들이 모두 방임에 해당되지 않는 것은 아닙니다.

현장에서는 보호자가 알코올, 약물, 저장강박증, 기타 신체·정신 질환 증상으로 인하여 자신의 보호·감독을 받는 아동의 의식주를 포함한 기본적인 보호, 양육, 치료 및 교육을 소홀히 하였을 경우에 방임으로 판단하고 아동의 안전을 위하여 분리하거나 사례관리를 통해 필요한 서비스를 연계하는 사례들이 더러 있습니다. 이는 보호자가 고의적으로 아동을 방치한 것은 아니지만, 보호자의 상태가 아동의 정상적인 발달을 도모할 수 없다고 판단되어 아동복지적 관점에서 아동을 위하여 아동학대(방임)로 판단하고 아동과 그 가족에게 적절한 보호와 서비스를 제공하는 것으로, 방임으로 인해 사건화가 되어 경찰, 검찰, 법원을 통해 법적 처벌을 받는 것과는 다른 것입니다.

다음의 '관련 판례'는 아버지가 아동의 생존에 필요한 최소한의 보호를 하였고, 아동이 아버지에게 애정을 표현했다는 사정만으로는 아버지가 친권자로서 아동의 건강과 안전, 행복을 위하여 필요한 책무를 다했다고 보기 어려우며, 의식주를 포함한 기본적인 보호·양육·치료 및 교육을 소홀히 하는 방임행위를 하였다고 판단한 사례입니다.

관련 조항

「아동복지법」 제17조(금지행위)

6. 자신의 보호 · 감독을 받는 아동을 유기하거나 의식주를 포함한 기본적 보호 · 양육 · 치료 및 교육을 소홀히 하는 방임행위

⋯▸ (벌칙) 제71조 제1항 제2호: 5년 이하의 징역 또는 5천만 원 이하의 벌금에 처한다.

관련 판례

대법원 판례 2020도7625(아동유기 방임)

아동 갑(당시 1세)의 친아버지인 피고인이 갑을 양육하면서 집 안 내부에 먹다 남은 음식물 쓰레기, 소주병, 담배꽁초가 방치된 상태로 청소를 하지 않아 악취가 나는 비위생적인 환경에서 갑에게 제대로 세탁하지 않아 음식물이 묻어 있는 옷을 입히고, 목욕을 주기적으로 시키지 않아 몸에서 악취를 풍기게 하는 등으로 갑을 방임하였다고 하여 「아동복지법」 위반으로 기소된 사안에서, 친권자인 피고인이 갑에 대하여 의식주를 포함한 기본적인 보호 · 양육 · 치료 및 교육을 소홀히 하는 방임행위를 하였다고 본 원심판단이 정당하다고 한 사례

질문 66 교육 현장 등에서 꿀밤의 학대 여부　교육 현장 등에서 훈계의 조치로 아이에게 꿀밤 정도만 때려도 아이가 아동학대로 느낀다면 아동학대로 구분할 수 있는지의 여부가 궁금합니다.

답변 종합적으로 검토하여 아동학대 여부를 판단하기 때문에 꿀밤을 때린 행위를 아동이 학대로 느낀다는 사유만으로는 아동학대로 구분할 수 없습니다.

단순히 꿀밤을 때린 행위 자체만으로 신체적 학대가 있었다고 단정 지어 결론을 내리기에는 어려움이 있습니다. 신체적 학대행위에 해당하는 다음 판례를 살펴보면, 아동이 건강하게 출생하여 행복하고 안전하게 자라나도록 복지를 보장하기 위한 「아동복지법」의 목적(제1조)에 비추어 행위가 발생한 장소와 시기, 행위에 이른 동기와 경위, 행위의 정도, 아동의 반응 등 구체적인 행위 전후의 사정과 더불어 아동의 연령 및 건강 상태, 행위자의 평소 성향이나 유사 행위의 반복성 여부 및 기간까지도 고려하여 종합적으로 판단하여야 된다고 나와 있습니다.

이렇게 종합적으로 검토하여 아동학대 여부를 판단하기 때문에 꿀밤을 때린 행위를 아이가 아동학대로 느낀다고 해서 그 사실 하나만으로 아동학대로 구분할 수는 없습니다.

관련 판례

대법원 판례 2017도12742(장애전담교사인 피고인이 발달장애증세를 앓고 있는 피해아동의 팔을 잡는 등의 행동이 신체적 학대행위에 해당하는지 문제 / 신체적 학대 부정)

어린이집 장애전담교사인 피고인이, 발달장애증세를 앓고 있는 장애아동 갑(5살)이 놀이도구를 제대로 정리하지 않고 바닥에 드러누웠다는 이유로 갑의 팔을 세게 잡는 등 신체적 학대행위를 하였다고 재판에 넘겨진 사건

피고인은 장애아동 복지지원법령에 따라 장애영유아를 위한 어린이집 특수교사로서 발달장애 등을 갖고 있는 갑을 포함하여 장애아동 세 명의 지도를 전담해 왔고, 한 달 반 정도 시행착오를 거치면서 갑의 행동을 교정하기 위하여 반복적으로 말로 지시하거나 무관심한 척하거나 일부만을 수행하도록 하고 나머지를 교사가 해 주는 식으로 여러 가지 교육적 지도를 시도해 온 점, 당시에도 갑이 놀이 후 정리하기를 거부하고 드러눕는 등 고집을 부리는 문제 상황이 발생하여 훈육 목적으로 일시적으로 보다 단호한 지도방법으로서 갑의 팔을 잡는 등의 행동을 하게 된 것으로 일련의 교육과정의 일환으로 볼 여지가 많으며, 또한 피고인의 위 행위 전후를 포함한 일련의 행위가 갑의 지도에 관한 내용으로 일관되어 있고, 그 일련의 행위 중에 갑을 손으로 때린다거나 발로 차는 등 적극적인 가해의사가 추인될 만한 행동은 없는 점, 이후 갑은 피고인의 지도에 잘 따르고, 피고인은 수업시간에 갑 옆에 앉아 갑의 팔을 주물러 주고 머리를 쓰다듬는 등의 행위로 갑을 정상적으로 지도한 점을 종합하면, 피고인이 합리적 범위 안에서 가장 적절하다고 생각하는 지도방법을 택하였고 이는 계속적인 훈육의 일환으로 볼 수 있다는 이유로 신체적 학대행위를 부정

울산지법 2016고단1739(타임아웃 등의 훈육방법 / 정서학대 인정)

훈육과정에서 어느 정도 아동에 대한 제재가 필요하고 이는 필연적으로 아동에게 정서적 영향을 미치게 되므로 교육적 목적을 위한 징벌 또는 교육적 제재와 아동에 대한 정서적 학대 사이의 경계가 반드시 명확한 것은 아니다.

본 사건은 창문을 열어 둔 채 창문 옆에 위치한 교구장에 아동을 올려놓는 위험성 있는 행위가 아동의 행위 교정에 있어 적합한 수단이라고 보기 어려운 점, 그 시간이 무려 40분가량 지속되었고, 위 시간 동안 당시 아동을 간식시간과 놀이시간을 즐기는 다른 아동과 상당한 시간 동안 소외시켜 교구장 위에 올려놓는 특이성 있는 제재를 통해 아동이 다른 아이들과 격리되는 경험을 하게 되는데, 이는 통상적인 '타임아웃' 등의 훈육방법을 넘어서 그 정도가 과잉하고, 그로 인한 정서적 상처로 인해 문제 행위의 개선 효과보다 아동의 건전한 인격적 성장에 방해가 될 우려가 있음이 인정되는 점, 피해아동을 교구장에 올려놓을 당시 아동용 소파를 거칠게 밀어내거나 교구장을 흔드는 피고인의 행위 등에 비추어 당시 문제 행동을 일으킨 아동에 대한 일시적인 분노감정 등 부정적인 정서의 개입이 있다고 보이는 점 등에 비추어 이 사건에서 피고인의 행위가 정서적 학대에 해당한다.

질문 67 부모가 자녀의 약물치료를 거부하는 경우의 의료적 방임 여부

내담자는 초등학교 3학년 학생으로 심한 수업방해, 학교폭력을 행사하는 문제로 상담에 의뢰되었습니다. 내담자가 병원에 방문하여 ADHD로 진단을 받았으나 내담자의 부모가 약물치료를 거부합니다. 이 경우 치료적 방임으로 간주될 수 있는지, 적절한 약물치료를 받을 수 있도록 강제할 수 있는 조치가 있는지 궁금합니다.

답변 일방적인 약물치료 거부행위는 의료적 방임에 해당할 수 있습니다.

「아동복지법」에서는 자신의 보호 · 감독을 받는 아동을 유기하거나 의식주를 포함한 기본적 보호 · 양육 · 치료 및 교육을 소홀히 하는 방임행위를 처벌하도록 규정되어 있습니다.

방임행위는 고의적 · 반복적으로 아동의 양육 및 보호를 소홀히 함으로써 아동의 건강과 복지를 해치거나 정상적 발달을 저해할 수 있는 모든 행위로, 필요한 의료적 처치를 거부하거나 소홀히 하는 것을 포함한다고 볼 수 있습니다.

이 사례와 같이 부모의 일방적인 약물치료 거부행위를 중단시키기 위해서는 시 · 군 · 구 또는 수사기관에 아동학대로 신고하여 강제적인 조치가 이루어질 수 있도록 하는 것이 바람직할 것으로 보입니다. 다만, 부모를 의료적 방임행위로 처벌하기 위해서는 약물치료를 거부하는 이유와 대체적인 치료방안이 실행되고 있는지 구

체적인 사정을 종합적으로 살펴볼 여지가 있을 것으로 생각됩니다 (예: 약물의 부작용을 걱정하여 아이를 상담치료 등을 받게 하는 등 대체적인 치료방법으로 노력하고 있는지 여부).

관련 조문

「아동복지법」 제17조 제6호(금지행위)

자신의 보호·감독을 받는 아동을 유기하거나 의식주를 포함한 기본적 보호·양육·치료 및 교육을 소홀히 하는 방임행위

⋯▸ (벌칙) 제71조 제1항 제2호: 5년 이하의 징역 또는 5천만 원 이하의 벌금

질문 68 부모의 훈육과 학대의 판단 기준　아동학대의 경우 그 범위가 매우 다양합니다. 부모는 '훈육'을 했다고 하나, 판정은 학대로 난 경우에 훈육과 학대를 판단하는 기준은 무엇인가요?

답변 건전한 사회통념에 비추어 위배되지 아니하고 용인될 수 있는 경우에 훈육으로 인정될 수 있습니다.

훈육과 학대의 경계는 매우 모호하여 일률적으로 판단하기는 어려우나, 건전한 사회통념에 비추어 위배되지 않고 용인될 수 있는지의 여부로 어느 정도 판단은 가능합니다. 그러나 이 또한 행위나 동기의 합목적성, 목적의 정당성, 수단이나 방법의 합리성 및 적절성, 행위 및 결과의 위험성, 행위의 횟수, 아동의 연령 등 여러 상황을 고려하여 개별적으로 판단됨에 따라 일률적으로 규정하기는 어렵습니다.

다음 판례를 보면 부모는 체벌이 훈육이라고 생각하나 법원에서는 징계의 필요성 내지 상당성을 결하고 있다고 보아 학대로 판결하였습니다.

관련 판례

광주지방법원 2017.7.21. 선고 2016고합541 판결(체벌이 징계의 필요성 내지 상당성을 결하고 있는 경우)

아동(당시 4세)이 버릇없이 행동한다는 이유로 플라스틱으로 된 장난감 골프채로 피해아동의 엉덩이를 수회 때려 치료 일수 미상의 엉덩이 타박상을 가했다. 사건 당시 만 4세에 불과했던 점에 비추어 보면, 사건 당시의 상황이 피해자의 건전한 육성을 위한 징계로서 신체를 때리는 체벌이 필요한 상황으로 보이지 않을 뿐만 아니라, 그 체벌의 정도도 상당하지 않아 사회통념에 비추어 용인될 수 있는 행위로 보기 어렵다. 아동의 신체에 손상을 주는 아동학대를 하였다.

광주지방법원 2017.1.20. 선고2016고합441 판결(질문에 대답하지 않는다는 이유로 효자손으로 종아리와 팔을 수회 때린 행위)

집 안방에서 아동(당시 8세)을 나무라던 중 피해아동이 부의 질문에 대답하지 않는다는 이유로 효자손으로 피해아동의 종아리와 팔을 수회 때림. 부는 그와 같은 행위를 아동에 대한 양육과정에서의 훈계행위로 보아야 한다고 주장 피해아동의 의사, 나이, 성별, 아동과의 관계, 행위에 이르게 된 경위, 아동의 인격발달과 정신건강에 미칠 수 있는 영향 등 구체적인 사정을 종합적으로 고려하여 건전한 사회통념에 따라 객관적으로 판단해야 하나 피고인의 행위가 친권자로서의 정당한 징계권 범위에 속하는 것으로서 위법성이 없다고도 할 수 없다며 신체적 학대행위를 하였다고 판결함

질문 69 법률이 정의하는 최소한의 학대 유형과 범위 아동학대가 될 수 있는 법률적으로 정의하는 최소한의 학대 유형과 범위가 궁금합니다.

답변 학대 유형에는 신체적 학대, 정서적 학대, 성학대, 유기 및 방임이 있습니다.

「아동복지법」에 따르면 아동학대란 "보호자를 포함한 성인이 아동의 건강 또는 복지를 해치거나 정상적 발달을 저해할 수 있는 신체적·정신적·성적 폭력이나 가혹행위를 하는 것과 아동의 보호자가 아동을 유기하거나 방임하는 것"으로 정의됩니다(「아동복지법」 제3조 제7항).

또한 「아동복지법」에서는 아동학대관련범죄에 대해서 「아동학대범죄의 처벌 등에 관한 특례법」 제2조 제4호에 따른 아동학대범죄와 아동에 대한 「형법」 제2편 제24장 살인의 죄 중 제250조부터 제255조까지의 죄라고 정의하고 있습니다(「아동복지법」 제3조 제7의 2항).

따라서 법률적으로 정의하는 최소한의 학대 유형과 범위는 「아동복지법」 제17조(금지행위) 2항(성적 학대행위), 3항(신체적 학대행위), 5항(정서적 학대행위), 6항(유기, 방임행위)에서 규정하는 다음 사항이 해당됩니다.

> – 아동에게 음란한 행위를 시키거나 이를 매개하는 행위 또는 아동에게 성
>   적 수치심을 주는 성희롱 등의 성적 학대행위
> – 아동의 신체에 손상을 주거나 신체의 건강 및 발달을 해치는 신체적 학
>   대행위
> – 아동의 정신건강 및 발달에 해를 끼치는 정서적 학대행위
> – 자신의 보호 · 감독을 받는 아동을 유기하거나 의식주를 포함한 기본적
>   보호 · 양육 · 치료 및 교육을 소홀히 하는 방임행위

　신체학대 또는 정서학대, 성학대로 판단하기 위해서는, ① 보호자를 포함한 성인이, ② 고의로, ③ 아동의, ④ 건강 또는 복지를 해치거나 정상적 발달을 저해할 수 있는, ⑤ 신체적 · 정신적 · 성적 폭력이나 가혹행위를 한 사실이 확인되어야 합니다. 방임으로 판단하기 위해서는, ① 아동의 보호자가, ② 고의로, ③ 아동을, ④ 유기하거나 방임한 사실이 확인되어야 합니다.

　각 아동학대의 구체적인 행위 예시를 살펴보면 다음과 같습니다.

• 신체학대
– 직접적으로 신체에 가해지는 행위: 손, 발 등으로 때리는 행위, 꼬집고 물
  어뜯는 행위, 조르고 비트는 행위, 할퀴는 행위 등
– 도구를 사용하여 신체를 가해하는 행위: 도구로 때리는 행위, 흉기 및 뾰
  족한 도구로 찌르는 행위 등
– 완력을 사용하여 신체를 위협하는 행위: 강하게 흔드는 행위, 신체를 묶
  는 행위, 벽에 밀어붙이는 행위, 떠밀고 잡는 행위, 아동을 던지는 행위,
  거꾸로 매다는 행위, 물에 빠뜨리는 행위 등

– 신체에 유해한 물질로 신체에 가해지는 행위: 화학물질 혹은 약물 등으로 신체에 상해를 입히는 행위, 화상을 입히는 행위 등

– 가혹행위 : 쪼그려 뛰기, 엎드려 뻗기 등

• 정서학대

– 폭언과 위협, 원망적 · 거부적 · 적대적 또는 경멸적인 언어폭력

– 잠을 재우지 않는 행위, 벌거벗겨 내쫓는 행위, 억지로 음식을 먹게 하는 행위

– 특정 아동을 차별하는 행위(형제나 친구 등과 비교, 차별, 편애하는 행위)

– 가족 내에서 따돌리는 행위, 방 안에 가두어 두는 행위

– 아동을 오랜 시간 벌세우고 방치하는 행위

– 찬물로 목욕시키고 밖에서 잠을 자게 하는 행위

– 음란물이나 폭력물을 강제로 시청하게 하는 행위

– 무서운 영상(도깨비전화 등)을 틀어 주는 행위

– 아동이 가정폭력을 목격하도록 하는 행위

– 아동을 시설 등에 버리겠다고 위협하거나 짐을 싸서 쫓아내는 행위

– 미성년자 출입금지 업소에 아동을 데리고 다니는 행위

– 아동의 정서발달 및 연령상 감당하기 어려운 것을 강요하는 행위(감금, 약취 및 유인, 아동 노동 착취), 다른 아동을 학대하도록 강요하는 행위

• 성학대

– 자신의 성적 만족을 위해 아동을 관찰하거나 아동에게 성적인 노출을 하는 행위: 옷을 벗기거나 벗겨서 관찰하는 등의 관음적 행위, 성관계 장면을 노출, 나체 및 성기 노출, 자위행위 노출 및 강요, 음란물을 노출하는 행위 등

– 아동을 성적으로 추행하는 행위: 구강추행, 성기추행, 항문추행, 기타 신체부위를 성적으로 추행하는 행위 등

– 아동에게 유사성행위를 하는 행위: 드라이성교 등

– 성교를 하는 행위: 성기삽입, 구강성교, 항문성교
– 성매매를 시키거나 성매매를 매개하는 행위

• 유기
– 아동을 보호하지 않고 버리는 행위
– 아동을 시설 근처에 버리고 가는 행위
– 베이비박스에 아동을 두고 가는 행위

• 방임
물리적 방임
– 기본적인 의식주를 제공하지 않는 행위
– 불결한 환경이나 위험한 상태에 아동을 방치하는 행위
– 아동의 출생신고를 하지 않는 행위
– 보호자가 아동들을 가정 내에 두고 가출한 경우
– 보호자가 친족에게 연락하지 않고 무작정 아동을 친족 집 근처에 두고
  사라진 경우 등
– 아동을 병원에 입원시키고 사라진 경우
교육적 방임
– 보호자가 아동을 특별한 사유 없이 학교(의무교육)에 보내지 않거나 아
  동의 무단결석을 방치하는 행위
의료적 방임
– 아동에게 필요한 의료적 처치 및 개입을 하지 않는 행위

관련 조항

「아동복지법」 제17조(금지행위)
누구든지 다음 각 호의 어느 하나에 해당하는 행위를 하여서는 아니 된다.
1. 아동을 매매하는 행위

2. 아동에게 음란한 행위를 시키거나 이를 매개하는 행위 또는 아동에게 성적 수치심을 주는 성희롱 등의 성적 학대행위

3. 아동의 신체에 손상을 주거나 신체의 건강 및 발달을 해치는 신체적 학대행위

4. 삭제〈2014. 1. 28.〉

5. 아동의 정신건강 및 발달에 해를 끼치는 정서적 학대행위

6. 자신의 보호 · 감독을 받는 아동을 유기하거나 의식주를 포함한 기본적 보호 · 양육 · 치료 및 교육을 소홀히 하는 방임행위

7. 장애를 가진 아동을 공중에 관람시키는 행위

8. 아동에게 구걸을 시키거나 아동을 이용하여 구걸하는 행위

9. 공중의 오락 또는 흥행을 목적으로 아동의 건강 또는 안전에 유해한 곡예를 시키는 행위 또는 이를 위하여 아동을 제3자에게 인도하는 행위

10. 정당한 권한을 가진 알선기관 외의 자가 아동의 양육을 알선하고 금품을 취득하거나 금품을 요구 또는 약속하는 행위

11. 아동을 위하여 증여 또는 급여된 금품을 그 목적 외의 용도로 사용하는 행위

● 참고문헌 ●

보건복지부(2020). 2019 아동학대 주요통계.

보건복지부, 아동권리보장원(2020). 2020 아동보호서비스 업무 매뉴얼.

보건복지부, 아동권리보장원(2020). 아동학대 대응 업무 매뉴얼 1(아동학대 조사).

보건복지부, 아동권리보장원(2020). 아동학대 대응 업무 매뉴얼 2(아동학대 사례관리).

보건복지부, 아동권리보장원, 한국외국어대학교 연구산학협력단(2020). 2017~2019 아동학대사건 판례집.

제**4**부

정신의료와 상담

13 · 정신장애와 의료서비스 접근

> **질문 70** 진단과 치료를 거부하는 우울장애 의심 내담자 및 가족 접근
> 내성적이지만 모범생이었던 중학생 내담자가 말을 걸면 짜증을 내고 몸이 아프다며 학교에 지각하거나 결석도 해 성적도 많이 떨어졌습니다. 우울증이 의심되어 면담을 하니 친구들도 싫고 다 짜증난다며 내버려 두라고 해 부모를 만났는데, 부모는 아이가 사춘기라 더 자라면 괜찮아질 거라고 진단과 치료 제안을 거부합니다. 어떻게 설득하면 좋을까요?

답변 내담자 및 가족이 진단과 치료를 거부하는 이유를 경청하고 그 원인에 따라 접근하는 한편, 부모에게 청소년 우울의 특성과 위험을 알리고 자녀의 안전을 위해 진단과 치료가 필요함을 설명합니다.

아동 및 청소년 내담자에서 정신장애가 의심되어 진료를 제안하는 경우 이를 거부하는 부모들이 많습니다. 일방적으로 상담사의 가치관에 따른 진료나 치료를 설득하는 것은 오히려 거부감을 더욱 증폭시키거나 상담사와의 신뢰관계조차 소원해지게 만드는 결과를 초래할 수 있습니다. 그러므로 자녀의 진료나 치료를 시도하는 데 있어 내담자 및 부모가 걱정하는 것이 무엇인지를 허심탄회하게 이야기 나누고 그에 따라 대처하는 것이 바람직합니다.

  부모가 자녀의 정신의료서비스 접근을 주저하는 요인이 무엇이냐에 따라 각기 다른 접근이 필요합니다.

  첫째, 정신장애에 대한 편견이 있는 경우라면, 우리나라 성인들의 주요 정신질환 평생유병률은 25.4%로 성인 네 명 중 한 명이 평생 한 번 이상 정신건강문제를 경험하고 있는 것으로 밝혀질 만큼 흔한 장애임을 설명하고, 공인들의 사례를 토대로 정신장애를 누구나 감기처럼 경험할 수 있으며 치료될 수 있음을 설명하는 것이 필요하겠습니다.

  둘째, 만일 정신건강의학과에 대한 선입견이 있는 경우라면, 정신건강의학과는 입원치료뿐 아니라 외래치료가 가능하며 무조건 약물치료를 하는 것이 아니라 진료결과에 따라 필요한 경우 약물치료를 처방받을 수 있음을 설명하는 것이 도움이 됩니다.

  셋째, 자녀의 정신과 진료기록이 남거나 공개되는 것에 대한 염려가 있다면, 정신건강의학과 방문 시 약물치료 처방 없이 상담만 요청할 경우 진료가 아닌 상담이 가능하며 정신과진료기록은 본인의 허락 없이 외부에 노출되지 않고 의료공제자료로 인한 정보노출도 사전에 본인 의사에 따라 금할 수 있음을 알려 주는 것도 도움이 됩니다.

  넷째, "정신약물치료를 한번 하면 계속해야 한다더라." 혹은 "정신약물치료를 하면 머리가 나빠진다더라." 등의 정신약물치료와 그 부작용에 대한 잘못된 정보들로 염려하는 경우라면, 임상에서 처방되는 정신치료약물은 일반적으로 안전성을 고려해서 처방되고 증상이 개선되면 약물치료는 종료될 수 있음과 약물치료 적응

기간 동안 일시적인 진정작용으로 인해 졸림, 이완 등의 현상으로 인지기능이 떨어진 것처럼 착각될 수 있으나 이는 약물조절로 개선될 수 있는 문제이며 실제로 영구적인 인지기능을 변화시키지 않음을 알려 주고 정신장애자들의 회복사례를 찾아 제시하는 것이 필요합니다. 또 정신약물치료 부작용에 대한 불안이 크다면 이는 정신건강의학과 전문의에게 문의하고 상의하며 효과적으로 조절 가능함을 알려 안심시키는 것도 도움이 되겠습니다.

질문 71 입원치료가 필요한 급성기 조현병 내담자 접근   **내담자가** 조현 증상, 즉 다른 사람을 죽이고 싶어서 견딜 수 없다고 상담센터를 찾아왔습니다. 지금 당장 입원이 필요해 보이는데 부모와 연락이 되지 않습니다. 이 경우 내담자를 어떤 방식으로 입원시킬 수 있을까요?

답변 내담자의 입원치료가 필요한 상황에서 가족 협조를 구하기 어려운 경우, 관할 정신건강복지센터에 내담자의 상황을 알리고 해당 기관의 협조를 통해 응급입원을 하는 것이 용이합니다.

현재 우리나라 「정신건강증진 및 정신질환자 복지서비스 지원에 관한 법률(약칭: 정신건강복지법)」상으로 내담자에게 입원치료가 시급하게 필요한데 스스로의 문제인식이 부족하고 가족들의 협조가 불가능한 경우, 행정입원과 응급입원이 가능할 수 있습니다. 첫째, 행정입원은 정신질환으로 자신 또는 타인을 해할 위험이 있다고 의심되는 자를 발견한 정신건강의학과 전문의 또는 정신건강전문요원이 시장·군수·구청장에게 당해인의 진단 및 보호를 신청하는 것입니다.

둘째, 응급입원은 정신질환자로 추정되는 자로 자신 또는 타인을 해할 위험이 큰 자를 발견한 자가 그 상황이 매우 급박하여 해당인에게 자의입원을 설득하거나 이상의 시장·군수·구청장에 의한 행정입원을 시킬 수 없는 때에 의사와 경찰관의 동의를 얻어 정신의료기관에 당해인에 대한 응급입원을 의뢰하는 것입니다.

실제적으로 행정입원의 경우, 그 절차가 까다롭고 차후 여러 가지 법적 문제의 제기 가능성이 있어 행정입원을 통한 강제입원은 흔치 않으며, 응급입원을 통해 3일간의 단기입원치료를 받도록 하고 이 기간 내 가족들과 연락을 취하여 입원치료를 지속하도록 하는 경우가 많습니다.

지역사회에서 내담자의 응급입원을 계획하는 경우, 가능하다면 관할 정신건강복지센터에 내담자 상황을 알리고 이 기관에 소속된 정신건강전문요원들의 협조를 구하는 것이 보다 용이합니다. 그러나 상황이 긴급하여 정신건강복지센터의 협조를 구할 수 있는 형편이 아니라면 관할 경찰서의 도움을 구하면 됩니다.

정신건강전문요원 및 경찰관의 협조하에 정신건강의학과 전문의의 진단으로 입원이 이루어지면, 행정입원의 경우 2주, 응급입원의 경우 3일 이내로 단기간 입원이 가능합니다. 단기입원치료로는 내담자가 안정을 회복하기 어려울 수 있으므로 내담자의 입원치료 기간 동안 가능한 빨리 가족들을 찾아 내담자가 안정적인 치료를 받을 수 있도록 설득하게 하는 것이 중요하며, 동시에 입원기간 동안 내담자의 치료상황을 살펴 내담자 스스로가 건강하고 질적인 삶을 위해 안정적인 치료를 선택할 수 있도록 자의입원을 설득하는 것이 필요합니다.

응급입원 및 행정입원 치료비용은 '2021년 정신질환자 치료비 지원사업'에 따라 지원받을 수 있으니 내담자 주소지 관할 보건소나 정신건강복지센터나 보건복지상담센터(129)에 문의하면 됩니다(질문 72 참고).

관련 조문

「정신건강복지법」 제5장 제41, 42, 43, 44, 50, 62조: 입원의 종류

	자의입원 (제41조)	동의입원 (제42조)	보호의무자에 의한 입원(제43조)	행정입원 (제44, 62조)	응급입원 (제50조)
유형	자발적		비자발적		
요건	정신질환자 또는 정신건강상 문제가 있는 사람	정신질환자	입원치료 필요한 정신질환 및(and) 자·타해 위험	정신질환으로 인한 자·타해 위험 발견 → 정신건강의학과전문의 또는 정신건강전문요원의 신청	정신질환으로 인한 자·타해 위험 발견 → 의사와 경찰관의 동의
입원 신청	본인이 입원 신청서 제출	본인의 신청 + 보호의무자 동의	보호의무자 2인의 신청 (보호의무자가 1명만 있는 경우 1인)	특별자치시장·특별자치도지사·시장·군수·구청장	당해인을 발견한 사람이 입원의뢰
입원 절차	별도 절차 없음		정신과 전문의 1인 입원권고 ⇒ 2주간 진단입원 ⇒ 소속이 다른 정신과 전문의 2인이 일치된 소견으로 입원(치료입원) 확정	정신과 전문의 1인 입원권고 ⇒ 2주간 진단입원 ⇒ 정신과 전문의 2인이 일치된 소견으로 입원(치료입원) 확정	경찰관 혹은 구급대 대원의 의료기관 호송 ⇒ 3일 이내(공휴일 제외) 응급입원 ⇒ 정신과 전문의 소견으로 입원(응급입원) 확정
기간	제한 없음		3개월간		3일
입원 신고	해당 없음		3일 내 신고		
입원적합성의 심사	해당 없음		국립정신병원 등에 설치된 입원적합성 심사위원회가 심사 (최초 입원일부터 1개월 이내)		
퇴원 의사의 표시	본인의 신청 (입원 후 2개월마다 퇴원의사 확인 필요)		본인 또는 보호의무자의 신청	특별자치시장, 특별자치도지사·시장·군수·구청장의 입원해제	
퇴원 제한	신청하면 지체 없이 퇴원	정신과 전문의 진단으로 최대 72시간 퇴원거부 가능	입원요건 충족 시 퇴원 거부 가능	해제하면 지체 없이 퇴원	
입원 연장의 요건	해당 없음	해당 없음 (72시간 내 제43, 44조 비자발적 입원으로 전환 필요)	소속 다른 정신과 전문의 2인 소견 + 보호의무자 2명 이상 동의 *3개월(1차) + 6개월 연장	2인 이상의 전문의 판단 *3개월(1차) + 6개월 연장	

질문 72 정신질환자 치료비 지원 정신질환자 치료비를 나라로 부터 지원받을 수 있다고 들었습니다. 지원을 받을 수 있는 기준이나 지원금액, 신청방법에 대해 궁금합니다.

답변 국가 정신질환자 치료비 지원사업에 따라 정신질환 치료비를 지원받을 수 있습니다.

정신질환으로 어려움을 겪고 계신 분들을 대상으로 정신질환자의 권익보호와 복지서비스 증진을 위한 '국가 정신질환자 치료비 지원사업'이 2021년 1월 1일부터 다음과 같이 확대 진행되고 있습니다.

지원내용은 다음과 같이 응급입원(「정신건강복지법」 제50조), 행정입원(「정신건강복지법」 제44조)한 분들은 소득과 상관없이 본인일부부담금 지원이 가능하고 발병 초기, 외래치료지원 내담자(「정신건강복지법」 제64조)는 중위소득 80% 이하(2021년 기준 4인 가족의 경우 월 소득 3,901천 원 이하)일 경우 치료비를 지원합니다.

다만, 내담자에 따라 지원항목의 차이가 있으므로 관내 보건소나 기초정신건강복지센터를 통해 확인하는 것이 필요합니다. 즉, 건강보험가입자의 경우 본인일부부담금[진찰료, 입원료, 식대, 투약 및 조제료, 주사료, 마취료, 정신요법료, 검사료, 영상진단료, 신종감염병 검사비(코로나)]이 지원되고, 국민기초생활수급자 혹은 차상위계층에 해당되는 경우에는 본인일부부담금과 비급여본인부담금이 지원됩니다.

〈표 13-1〉 **정신질환자 치료비 지원사업의 지원내용**

구분	지원내용
응급입원	의사와 경찰관의 동의를 받아 3일 동안 입원을 하는 경우
행정입원	지자체장이 진단 및 치료를 지정정신의료기관에 의뢰하여 입원하는 경우
질병초기 정신질환	최초진단을 받은 후 5년 이내 환자 해당진단: 조현병, 분열형 및 양상성 장애, 조병 에피소드, 양극성 정동장애, 재발성 우울장애, 지속성 기분장애
외래치료 지원	입원 중이거나 치료를 중단한 자 중에서 정신건강심사위원회를 통해 외래치료 지원 행정명령을 받은 경우

지원금액은 지원유형을 모두 포함하여 1인당 연간 460만 원 이내에서 지원을 받을 수 있습니다. 단, 예산 소진 시 지급이 불가하므로 보건복지상담센터(129), 내담자 주소지 관할 보건소 또는 정신건강복지센터로 문의하는 것이 필요합니다.

신청은 치료비 발생일로부터 180일 이내에 하여야 합니다. 방법은 응급입원 혹은 행정입원이 결정되거나 외래진료를 받으면 해당 의료기관이나 보건소, 기초정신건강복지센터에서 내담자, 보호의무자 및 기관 직원이 신청서를 작성하고 〈표 13-2〉의 신청구비서류를 준비하여 내담자의 주소지 관할 보건소나 정신건강복지센터로 신청하면 됩니다.

〈표 13-2〉 **정신질환자 치료비 지원 신청을 위한 서류**

<table>
<tr><th>구분</th><th>구비서류</th></tr>
<tr><td>공통서류</td><td>• 정신질환 치료비 지원신청서(환자용, 의료기관용)
• 본인확인 서류[주민등록등(초)본, 주민등록증, 운전면허증 등]
• 소득증빙서류
<table>
<tr><td>국민기초생활보장 수급자</td><td>의료급여증, 수급권자 증명서 등</td></tr>
<tr><td>차상위계층</td><td>차상위계층을 증빙할 수 있는 서류, 차상위본인부담경감 내담자 증명서 등</td></tr>
<tr><td>건강보험 가입자</td><td>건강보험료 납부확인서, 건강보험 자격(득실) 확인서 등</td></tr>
</table>
• 개인정보수집 이용 제공에 대한 동의서
• 치료비 영수증 계산서(병원용)</td></tr>
<tr><td>응급입원, 행정입원</td><td>• 입원(응급, 행정) 확인서</td></tr>
<tr><td>발병 초기</td><td>• 진료기록 사본 또는 정신건강의학과 전문의 소견서(최초 진단 연도 명시)</td></tr>
<tr><td>의료기관</td><td>[의료기관 신청 시]
• 의료기관 사업자등록증 사본(최초 1회)
• 의료기관 통장 사본(최초 1회)</td></tr>
</table>

질문 73 피해망상으로 인해 사회적으로 고립된 내담자를 위한 치료적 접근   내담자는 같은 반 친구들과 선생님이 자신을 흉보고 미워한다는 생각 때문에, 친구들과 담임선생님을 회피하고 집에서도 가족들과 대화를 나누지 않으며 늘 혼자 방에 있습니다. 유일하게 대화를 하는 상담교사의 치료 권유를 거절하는 청소년 내담자에게 어떻게 접근하면 좋을까요?

답변   먼저 망상 여부 확인 후, 망상이 분명하다면 내담자와의 신뢰관계를 공고히 하는 한편, 내담자의 문제를 가족에게 알리고 필요한 치료를 받을 수 있도록 도와야 합니다.

망상이 의심되는 경우엔 먼저 내담자의 사고가 객관적 사실이 아닌 비현실적 망상이 맞는지, 내담자의 사고와 관련된 학교생활에서의 실제 문제가 없었는지를 가족, 교사, 친구 등을 통해 사실을 확인하는 것이 필요합니다. 이를 위해 내담자와의 면담 시에는 '그렇다'고 믿는 확실한 믿음인지 아니면 '그런 것 같다'고 느끼는 자신의 느낌인지를 분명히 확인하고, 그런 생각이 언제부터 있었는지, 그런 생각을 갖게 된 구체적 사건이나 사실이 있었는지 파악해야 합니다. 그리고 내담자의 생각에 대해 다른 사람들이 알고 있는지, 알고 있는 다른 사람들은 어떻게 말하는지를 확인하는 한편, 가족, 선생님, 친구 등 내담자가 말한 것들의 사실성을 확인할 수 있는 사람들을 만나 내담자의 이야기에 대한 객관성을 평가하여 망상 여부를 확인해야 합니다.

만일 내담자의 사고가 객관적 사실이 아닌 망상이라면 내담자와는 신뢰관계를 공고히 하는 것이 중요합니다. 내담자를 혼자 두지 않되 과잉친절이나 자극을 주지 않고 조용히 내담자 곁에 머물러 보살피며 솔직하고 개방적으로 대하는 자세 그리고 한 인간으로서 내담자에게 관심을 가지고 자기나 타인을 손상하는 것을 예방하기 위한 배려와 보호가 필요합니다.

사람들이 자신을 흉보고 싫어한다는 망상에 대해서는 동의하거나 망상이 사실이 아니라고 설득하기보다는 망상 때문에 생기는 불안, 두려움, 분노 등의 감정 상태를 파악하고 이를 언어로 표현하도록 격려하고 잘 들어주는 것이 필요합니다.

구체적으로, 첫째, 망상의 강도, 빈도, 기간을 사정합니다. 내담자가 가능한 망상에 몰입되지 않도록 대화나 스포츠 등 현실적 활동을 유도하고, 불안할수록 망상이 심해질 수 있으므로 심호흡, 이완술, 사고 중지 등 불안완화기술을 가르쳐 이용하도록 합니다. 망상에 대한 대화를 멈추지 못하는 경우에는 내담자가 무엇을 하고 있는 동안에 망상이 있었는지 확인하고, 망상에 대해 계속 이야기하고자 할 때는 조용히 끝까지 들어주는 것이 필요합니다.

둘째, 망상의 내용과 유형을 파악해야 합니다. 내담자의 혼란된 언어 표현이 있다면 질문을 통해 명확히 하고, 중심적인 사고 주제와 느낌을 인식하는 한편, 망상에 개인의 무의식적 갈등이 반영될 수 있음을 내담자가 이해하도록 돕습니다.

셋째, 망상의 의미를 파악해야 합니다. 내담자가 대처하지 못하는 개인생활영역 및 망상이 내담자의 기능을 방해하는 구체적 방식을 확인하는 것이 필요한데, 사례의 경우 대인관계의 문제가 학교에서만 국한되는지, 가정이나 지역사회에서는 어떠한지, 자신의 생각이나 느낌으로 제한되는지, 어떤 소리나 누군가의 방해가 있는 것은 아닌지, 피해망상과 관련하여 사회적 철회 외에 다툼이나 폭력 등 내담자의 다른 대처행위가 있는지 그리고 자해 및 타해 사고와 행동 유무도 확인합니다. 망상에 대한 대화를 할 때는 망상 내용에 대해 긍정하거나 논쟁하지 말고 다소 객관적이고 사무적인 태도로 망상 내용을 경청하되, 친구들과 선생님이 자신을 흉보고 미워한다는 망상 배후의 논리에 대한 파악이 필요합니다.

넷째, 망상 유발요인을 확인해야 합니다. 모든 망상의 구성요소를 시간과 줄거리 순으로 배치해서 인지하고 내담자의 가족이나 학업, 대인관계, 경제 등의 어려움과 스트레스를 사정한 후 망상 발생과 스트레스 발생 간의 상호관계를 연결해 망상 유발요인을 파악합니다. 망상에 집중하지 않도록 주의를 분산하거나 전환하는 방법(누워서 쉬거나 수면, 책 읽기, 라디오나 TV 시청, 편지 쓰기, 취미활동이나 운동, 친구 만나기 등)을 알려 주고 활용을 돕습니다.

다섯째, 만일 내담자가 상담사도 내담자의 망상을 믿는지 묻는다면 "제 생각으로는 사실 그럴 수 있을까 의문이 들어요."와 같이 사실에 근거하여 솔직하게 답을 하되, "하지만 사실진위와 상관없이 특수한 경우에서는 비현실적 경험을 할 수 있습니다."라는 말로 내담자가 망상을 경험할 수 있음을 상담자가 이해하고 있다는 것을 알려 줍니다. 그리고 망상에 대한 대화보다는 상담사와의 긍정적 관계 등 현실 속 인물들과 실제에 대해 대화하는 등 현실을 제시하고 현실상황에 집중시킴으로써 내담자의 관심이 현실 세계로 전환될 수 있도록 돕습니다.

여섯째, 망상이 충족시켜 줄 수 있는 정서적 욕구를 확인하고 충족시켜 줍니다. 비논리적 망상의 본질보다는 망상 이면의 정서적 느낌에 반응해야 합니다. 망상이 옳다는 것을 인정하지 않아야 하고 친구들과 선생님이 자신을 흉보고 싫어한다는 망상과 관련한 두려움, 불안, 분노 등의 표현을 격려합니다. 즉, 사례의 경우 친구들과 선생님이 자신을 흉보고 싫어한다는 대화보다는 내담자에게 그런 생각(망상)이 어떤 느낌을 주는지, 내담자가 원하는 것은 무엇인지, 그것은 어떻게 이루어질 수 있는지에 대해 대화하며 내담자가 원하는 정서적 욕구를 충족할 수 있도록 돕는 것이 필요합니다.

일곱째, 신체적 욕구를 충족시켜 줍니다. 산책, 놀이, 스포츠 활동 등 내담자에게 필요한 주의력, 신체적 기술이나 활동이 없는지 확인하고 이를 함께하거나 가족이 돕게 하여 신체적 욕구를 충족시킵니다.

여덟째, 일단 망상이 이해되면 망상에 대한 반복적 대화는 피합니다. 망상에 관한 지나치게 구체적인 질문을 하여 내담자의 망상을 구체화하고 체계화하지 않도록 유의해야 하고, 이미 파악된 망상의 내용이 반복적으로 이야기된다면 대화의 주제를 날씨나 의식주 생활 등 현실적인 것으로 자연스럽게 전환하는 것이 도움이 됩니다. 자신의 행동에 대해 책임을 지도록 격려하고 일상활동과 의사결정에 관해 어느 정도 스스로 조절하도록 계획합니다. 가능하다면 가족도 계획에 포함시켜야 하며 망상과 현실에 관해 신중하게 토의하며 망상의 결과에 관하여 이야기 나누는 것이 필요합니다.

　또한 전문가의 진단과 치료가 필요해 보이는 내담자의 정신건강 문제를 해결하기 위해 가족과 내담자가 내담자의 문제를 질환의 관점에서 생각할 수 있도록 돕는 노력도 필요합니다. 내담자 및 가족이 피해망상 등의 증상으로 인한 내담자의 고통과 불편, 일상생활 기능의 방해를 함께 확인하고 비슷한 어려움을 가진 다른 사람들이 있음을 설명하며 질환의 측면에서 내담자의 문제를 객관적으로 설명해 주고 치료적 도움을 제안해 보는 것이 유용할 것입니다. 즉, 사람들이 감기에 걸리면 열이 나고 기침이 나듯이 뇌에 질환이 생기면 다른 사람들과 다르게 세상을 보고 듣고 느끼고 생각하게 되는데, 이런 질환을 가진 사람들이 세상에 많이 있다는 것을 알려 줍니다. 질환은 그 사람의 잘못이 아니므로 누군가에게 비난받을 일이 아니고, 치료를 통해 회복되고 개선될 수 있음과 내담자의 힘든 상황이 그런 질환 때문이 아닌지 확인하고, 치료될 수 있는 부분이 있다면 치료로 더 편안하고 건강하게 지내길 바란다는 제안을 지속적으로 하는 것이 좋습니다.

질문 74 인터넷.게임장애 내담자에 대한 정신건강의료서비스의 기대 효과 및 가족들의 접근 방법   청소년 내담자가 방 안에서 밤낮 인터넷 게임만 하며 생활하고, 못하게 하면 공격성이 점점 더 심해져서 부모가 자녀를 제지하는 것을 두려워합니다. 이런 경우 청소년과 가족에게는 어떻게 접근하는 것이 좋을지, 정신과에서는 어떤 도움을 받을 수 있는지 궁금합니다.

답변   인터넷 게임장애를 보이는 청소년 내담자와 가족에 대해서는 청소년 시기의 불균형적 뇌 발달을 이해하여 갈등을 멈추는 것, 인터넷 게임 외에 청소년이 즐거워할 수 있는 활동을 찾아 함께하는 것, 폭력에 대해서는 단호하고 일관되게 대처하는 것이 필요합니다. 정신건강의학과에서는 인터넷 게임장애 개선을 위해 인지행동치료를 가장 많이 사용하며, 약물치료의 도움을 얻을 수 있습니다.

인터넷 게임장애를 가진 청소년 내담자의 효과적인 접근을 위해서는, 첫째, 인지적 측면에서 청소년 시기의 신경생물학적 변화, 특히 불균형적 뇌 발달 특성을 이해하고 접근하는 것이 필요합니다. 인간의 뇌에는 보상회로라는 것이 있습니다. 이 부위는 성취나 칭찬, 인정, 사랑받음 등으로 자극을 받아 도파민이 분비됨으로써 쾌감을 경험하고, 그 결과 개인은 기쁨, 쾌감을 주는 특정 행동을 갈망하여 반복하게 됩니다. 인간은 처음에는 음식이나 물, 양육 등을 통해 그리고 점차 타인의 사랑과 인정, 칭찬이나 성취를 통해 이 보상회로를 자극하고 보상행동을 강화하는 경험을 학습하며 성장하고 발전하게 됩니다. 그런데 청소년기의 뇌는 보상회로와 관련된 변연계 영역은 계속 성장·변화하여 감각 추구 및 보상 추구가 증가되지만, 통합적 판단과 사고, 이성적 판단 및 인지적 통제 체계와 관련된 뇌 전두엽의 백질은 상대적으로 느리게 발달됩니다. 즉, 청소년의 뇌는 인지적 조절을 담당하는 전전두엽의 발달이 아직 완전하지 않기 때문에 정서와 동기를 담당하는 변연계가 의사결정에 많은 영향을 미치게 되므로 청소년들의 행동은 이성적으로 통제되기 어렵고 다소 충동적이게 됩니다. 이처럼 인터넷 게임장애를 의지나 도덕적 문제가 아닌 신경생물학적 문제로 인식하는 것은 청소년과 부모의 심리적 부담과 갈등을 줄일 수 있을 뿐 아니라, 이들이 문제를 인정하고 문제에 긍정적이고 치료적으로 대처하게 하는 데 매우 중요합니다.

둘째, 행동적 측면에서 청소년 내담자들은 부정적인 감정이 많을수록 보다 직접적이고 강력한 보상을 구하는 경향이 있으므로, 내담자에게 화를 내거나 혼내는 것은 멈추고 청소년이 게임을 하지 않고도 즐거울 수 있음을 알게 해야 합니다. 사례 청소년의 심한 폭력성은 행동 제지와 관련한 갈등 상황에서 더욱 악화될 수 있습니다. 그렇기 때문에 게임을 무작정 중단하거나 감소시키기보다 인터넷 게임 외에 스포츠나 여행 등 청소년이 좋아하고 즐거워하는 활동이나 관심 있는 활동이 무엇인지 찾고, 이 활동을 지속적으로 함께하는 노력을 통해 청소년이 컴퓨터 게임에 몰입하는 시간을 다른 활동으로써 단계적으로 대체해야 합니다. 또한 청소년 내담자에게 자기를 조절하고 타인과 공감하는 경험을 제공하며, 이를 잘 수행하였을 때 그가 좋아할 만한 즉각적 · 직접적 · 생리적 보상을 제공하여 긍정적 행동을 강화하는 것도 필요합니다. 한편, 청소년 내담자와 함께 부드러운 분위기 속에서 안전과 행복을 위해 모두가 지켜야 할 규칙, 즉 수용될 수 없는 행동(특히 폭력, 자해 혹은 타해 행동)을 구체적으로 정하여 분명한 한계를 설정하고 특히 폭력에 대해서는 절대 수용하지 않는 단호하고 일관성 있는 가족들의 대처가 필요합니다.

정신건강의학과에서는 인터넷 게임장애의 심각성에 따라 급성기 위기중재를 위해 입원치료를 받을 수 있습니다만, 대개 지역사회 환경 속에서 장기적 치료계획하에 외래 통원치료가 이루어집니다. 때로 가정에서 자녀의 행동 통제가 어려워 입원치료를 강제하는 경우가 있는데, 이 경우 부모와 자녀 간 관계를 악화시켜 장기적 관점에서는 치료에 큰 도움이 되지 않습니다. 인터넷 과다사용은 주의력결핍과잉행동장애(ADHD), 강박장애, 주요우울장애 등과 관련이 있으므로, 정신건강의학과 초기 진료 시 의사와의 면담 및 임상심리검사 등을 통해 내담자의 인터넷 게임장애가 1차적으로 발생한 것인지, ADHD나 조증 등 다른 정신질환과 관련된 문제가 아닌지 검토가 이루어지고 그 결과를 토대로 사례별 치료접근이 진행됩니다. 사례에서와 같이 폭력성을 보이는 경우, 인지행동치료 및 약물치료를 통해 공격성과 폭력성을 조절하여 자 · 타해 예방 및 안전과 안정을 우선 도모하는 것이 좋습니다. 한편, 장기적으로는 내담자가 게임장애에 취약한 관련요인들을 파악하여 그에 따른 심리상담, 부모교육, 가족상담 등을 제공하고 자조그룹이나 중독센터

등 내담자에게 필요한 사회자원 연결을 도와 갈망욕구를 조절하고
자기통제력을 강화할 수 있도록 돕습니다.

14 · 정신약물치료

정신치료약물의 내성과 의존   내담자가 정신과 치료약물을 한번 복용하기 시작하면 점점 더 복용량이 늘어나고 끊을 수 없다고 들었다며 약물치료를 하지 않겠다고 하는데 사실인가요? 정신과 치료약물을 끊을 수 있는지 궁금합니다.

답변   정신치료약물은 끊을 수 있습니다.

정신과 약물치료는 환자의 증상에 따른 정신과 주치의의 진단과 치료계획에 의해 진행됩니다. 그러므로 대개 정신과 치료약물도 증상 개선으로 끊을 수 있고 평생 먹어야 하는 것이 아닙니다. 그러나 평생 약을 먹어야 할 정도로 증상 조절이 안 되는 경우도 있습니다. 유지치료를 어느 정도 해야 하는지에 대해서는 여러 이견이 있지만, 약물치료로 1년 정도 증상이 전혀 없으면 약을 서서히 줄이다가 끊을 수 있고 대개 한 번 증상이 있고 나서 2년 정도 증상이 없다면 약을 끊는 것을 시도할 수 있습니다. 중요한 것은 이러한 치료약물의 감량이나 중단은 반드시 정신건강의학과 주치의와 상의하여 계획하에 진행해야 하며, 환자분이나 가족들의 임의에 따라 시도하는 것은 증상을 불안정하게 하고 재발을 촉발할 수 있어 위험

합니다.

　약물의존 및 내성에 대해서 설명하자면 현재 사용되는 정신과 치료약물은 매우 다양한데, 이들 중 진정·수면제 등의 일부 약물에서는 의존이나 내성이 있을 수 있습니다. 그러나 대부분의 경우 보다 안전한 약물치료를 위해 의존이나 내성이 없거나 적은 약물들을 치료약물로 선택하고, 이전에 물질중독의 경험이 있는 경우엔 의존과 내성에 보다 취약한데 그런 경우라 하더라도 정신건강의학과 주치의와 상의하여 약물치료를 안전하게 진행할 수 있습니다.

질문 76 ADHD 치료제의 효과, 부작용, 치료기간   ADHD 치료약 물의 효능과 부작용, 치료기간에 대해 알고 싶습니다.

답변 국내 ADHD 치료제로는 메틸페니데이트가 많이 사용되고, 이 계열의 약물들은 과다행동, 부주의성을 호전시키고 사회적 관계 개선에도 효과가 있지만, 두통, 불면, 식욕부진, 자극 과민성 등의 부작용이 나타날 수 있습니다. 치료기간은 내담자의 증상 여부에 따라 개별적인 차이가 있으며 정신건강전문의와 상의하여 안정적으로 진행하는 것이 중요합니다.

주의력결핍과잉행동장애(ADHD) 환자의 1차 치료약물로는 정신자극제들(stimulants)이 사용됩니다. 정신자극제는 ADHD 치료의 1차 선택 약물로 약 75%에서 효과를 나타냅니다. 메틸페니데이트 (methylphenidate)와 덱스트로암페타민(d-amphetamine)이 대표적인 약물이지만 국내에서는 메틸페니데이트 제형들만 시판되고 있으며, 환자의 70~80%가 과잉행동과 부주의성이 호전되는 것으로 보고되고 있습니다. 또한 함께 나타나는 적대적 행동과 호전, 가족이나 동료들과의 사회적 관계 개선에도 효과가 있습니다.

단기지속형 메틸페니데이트(리탈린, 페니드, 메칠펜 등)는 4~6시간 정도의 지속시간 때문에 학교나 직장에서 치료효과를 유지하기 위해 하루 2~3회 복용해야 하지만, 장기지속형 메틸페니데이트 (메타데이트-CD, 메디키넷 리타드, 콘서타 등)는 10~12시간 동안 효과가 지속되므로 아침에 한 번 복용하면 오후까지 효과가 지속되기에 생활에 방해를 받지 않을 수 있고, 복용이 더 편리하고, 일정한 혈중농도를 유지해 주며, 약물 순응도를 높이고, 오·남용의 가능성을 낮추는 장점이 있습니다.

자극제의 흔한 부작용으로는 불면, 두통, 신경과민, 사회적 위축 등의 중추신경계 부작용과 복통, 식욕부진 등의 위장관계 부작용, 복용약물의 혈중농도 감소에 따라 반동성 과잉행동과 자극 과민성도 나타날 수 있습니다. 부작용들은 대개 경미해서 약물을 지속적으로 사용하거나, 용량, 복용시간 등을 조절하면 호전될 수 있으나 자극제는 음성틱, 행동틱 또는 정신병적 증상의 악화를 일으킬 수 있으며, 특히 작용 시간이 짧은 제제 또는 과용량 사용 시 부작용이 증가할 수 있습니다.

치료기간은 대개 증상의 지속 여부에 따라 개별 차이가 있으므로 정신건강의학과 전문의와 상의를 통해 결정하는 것이 중요합니다. 대개 과잉행동은 사춘기 무렵에 좋아지지만 주의력 결핍과 충동성 문제는 오래 지속되는 경우가 많습니다. 별다른 후유증이나 문제없이 완전히 회복되는 경우도 있지만 많은 환자가 증상의 부분적인 호전만을 가지며 60~85% 정도는 청소년기까지 증상이 지속되며, 약 60%는 성인기까지 지속된다고 합니다.

많은 ADHD 아동이 사회적 관계의 어려움을 가지게 됩니다. 사회적 기능의 어려움은 다른 정신질환의 동반 발생을 높이며, 또래 및 가족관계뿐 아니라 학교생활에서의 문제를 야기하므로 가능한 한 조기에 아동의 사회기술 개선과 공격성 감소, 가족 환경 개선을 통해 좋은 예후를 얻도록 돕는 것이 필요합니다. 그렇게 볼 때, 약물에 효과를 보이는 환자에게는 약물 복용 여부가 성공적인 학창 시절을 보내는 가장 중요한 요소가 될 수 있으니 내담자의 상태를 정신건강의학과 전문의와 상의하여 치료를 안정적으로 진행하는 것이 중요합니다.

질문 **77**   우울증 치료제의 효과, 부작용, 치료기간, 주의점   우울증으로 정신치료약물을 복용하고 있는 내담자가 약을 먹어도 기분이 좋아지는지 모르겠다고 계속 호소합니다. 그래도 내담자에게 약을 계속 먹으라고 해야 하나요? 효과가 나타나려면 얼마나 약을 더 복용해야 하는지 그리고 부작용도 궁금합니다.

답변   항우울제 복용기간이 6~8주 이내라면 치료반응을 위해 지속적인 약물 복용이 필요합니다. 수면 변화 등 구체적인 치료반응을 내담자와 함께 검토해 보고 이를 초과한 항우울제 복용에도 아무런 효과를 느끼지 못하고 있다면 정신건강의학과 주치의와 상의하도록 돕습니다.

항우울제를 포함한 정신치료약물의 치료효과를 기대하기 위해서는 약물치료 기간이 중요합니다. 일반적으로 항우울제 투여에 따른 치료반응은 투여 직후가 아닌, 약 2주가 경과한 이후에 관찰되는 것으로 알려져 있습니다. 6~8주간의 항우울제 약물치료 후 치료반응이 50~70% 정도 나타나므로, 내담자가 항우울제를 복용한 기간을 확인하여 6~8주보다 짧다면 치료반응을 위해 지속적으로 약물을 복용하는 것이 필요합니다. 만일 이를 초과하여 항우울제를 복용하였음에도 효과를 느끼지 못하고 있다면 정신건강의학과 주치의와 상의하는 것이 필요합니다.

개인별 차이가 있을 수 있으나 일반적인 항우울제의 복용시기에 따라 호전되는 표적 증상은 다음과 같습니다. 먼저 1주 차에 수

면장애, 식욕장애, 불안장애의 호전이 보입니다. 2주 차에는 피로감, 빈약한 동기, 신체적 불편감, 초조, 운동지연의 호전이 있습니다. 그리고 3주 차가 지나면서 불쾌한 정서, 지속적인 주관적 우울감(무욕감, 자존감 저하, 허무감, 희망 상실, 자책감, 죄의식, 슬픔), 자살사고의 개선이 있습니다. 즉, 항우울제의 치료반응은 먼저 수면, 식욕, 피로, 초조와 불안 등 개인의 신체적 불편감 개선이 있고 이후에 불쾌한 정서나 주관적 우울의 개선이 나타납니다. 그런데 실제 우울장애 내담자와 가족들은 우울장애와 관련된 신체적 증상보다 우울감으로 인한 심리적 불편감 해소에 대한 기대감이 높아 약물치료 후 신체적 증상개선이 있음에도 이를 인식하지 못하는 경우가 있습니다. 그러므로 약물치료 전후 내담자의 변화를 꼼꼼히 살펴 치료반응을 정확히 파악하고 인식시켜 주는 것이 약물치료에 대한 내담자의 불안 해소 및 신뢰에 도움이 될 수 있습니다.

우울증 치료제는 삼환계 항우울제(TCA), 선택적 세로토닌 재흡수 억제제(SSRI), 단가아민 산화효소 억제제(MAO 억제제), 기타 항우울제로 분류될 수 있으며 이들 약물의 종류별로 부작용에 차이가 있습니다. 삼환계 항우울제는 과다한 진정, 식욕 및 체중 증가, 구갈, 변비, 배뇨 곤란, 시력장애, 발기부전 등의 부작용이 흔하고 심혈관계 부작용이 있을 수 있습니다. 특히 삼환계 항우울제는 과복용 시 치명적일 수 있으므로 자살 위험이 있는 내담자에게는 위험하여 주의가 매우 필요합니다. 선택적 세로토닌 재흡수 억제제의 경우 위장관계 부작용들이 가장 흔하며 대개 약물을 투여하고 치료 초반 일주일 이내에 가장 많이 발생히지만 시간이 경과하면 자연적으로 소실됩니다. 이외에도 두통, 불면, 체중 증가, 발한, 신경과민, 불안, 초조, 혈액 응고시간 지연, 근 긴장도 증가, 졸림, 꿈, 피부 발진 등이 있을 수 있으며 두 가지 이상의 약물들을 병용하거나 과용 시 세로토닌 증후군으로 고열, 발한, 빈맥, 정신착란, 초조, 불안, 근경련, 반사항진 등이 있을 수 있습니다. 단가아민 산화효소 억제제는 투여 시 치즈, 와인, 청국장과 같은 발효 음식물과 함께 섭취할 경우 고혈압의 위험이 있어 우리나라에서는 잘 사용되지 않습니다.

질문 78 분노 및 폭력성 조절을 위한 약물치료의 효과, 종류, 기간, 부작용

화가 나면 물건을 부수거나 폭력을 사용하는 내담자
가 두려워 부모가 말리기 어려울 정도입니다. 폭력행동을 다
루는 치료약물이 있는지 그리고 계속 그 약물을 먹어야 하는
지, 그 효능과 부작용은 무엇인지 알고 싶습니다.

답변 분노 및 폭력 문제 상황에 대한 전문의의 진단에 따라 항정신병약
물, 항불안제 등의 약물치료가 주어질 수 있으나, 약물치료가 공격
성 조절의 근본적인 치료가 될 수는 없으며 문제 상황에 대한 통합적이고 신중한
접근이 필요합니다.

내담자가 혼란한 정서 혹은 높은 불안 등으로 과잉행동, 위협, 폭
언, 폭행, 물건 파손 등의 공격성을 보이는 위기상황일 때 항정신병
약물(예: 할로페리돌)이나 항불안제(예: 디아제팜)는 내담자의 심리
적 이완 및 불안 감소에 도움을 줍니다.

그러나 공격행동의 문제는 이러한 약물치료가 근본적인 해결법
은 아닙니다. 내담자의 행동문제가 어디서 어떻게 발생하게 되었
는지, 촉발요인과 완화요인이 무엇인지 살펴보고 내담자의 심리적
측면 및 환경적 요인에 대한 이해와 수용, 지지가 함께 제공되었을
때 효과적으로 공격성을 관리할 수 있으므로 내담자의 생물학적·
심리적·사회문화적 측면을 모두 고려한 통합적이고 신중한 접근
이 필요합니다.

파괴적이고 충동조절장애의 문제가 있는 내담자를 치료할 때는
행동치료, 개인상담 및 가족치료 등 정신치료와 약물치료를 병행하

는 것이 효과적이고 일반적이며, 증상이 심해지기 전에는 약물치료를 사용하지 않습니다. 전문의의 판단에 따라 약물치료 처방이 주어지는 경우, 폭력행동 조절 및 흥분을 가라앉히기 위해 주로 할로페리돌, 클로르프로마진, 디아제팜, 로라제팜 등을 흥분이 가라앉을 때까지 서서히 근육주사하거나 경구투여합니다.

치료기간은 폭력 및 공격성이 급성 혹은 만성적인 것인지에 따라 다릅니다. 급성 증상치료에는 앞서 언급한 항불안제와 항정신병약이 사용되며, 공격성이 증가하는 증상이나 징후를 보인다면 증상 완화를 위해 필요시 사용하도록 미리 처방된 약물을 제공합니다. 공격성 및 폭력의 장기적 치료는 내담자의 의학진단을 바탕으로 내담자 상태를 세심하게 관찰하면서 이루어집니다.

부작용은 약물의 종류에 따라 상이하며 같은 약물을 복용하더라도 개인에 따라 다르게 나타날 수 있습니다. 할로페리돌, 클로르프로마진과 같은 항정신병약물은 신체적 또는 심리적 의존성 없이 비정상적 감정이나 정서적 표현을 둔화시키는 진정작용(기면, 비틀거림, 피곤함), 파킨슨 증상(느린 동작, 자작거리는 걸음, 굳은 표정, 떨림), 정좌불능증(가만히 있지 못하고 계속 왔다 갔다 하거나 안절부절못함), 급성근긴장이상증(얼굴, 목, 팔, 다리의 불수의적 근경련), 기립성 저혈압(현기증, 심계항진), 항콜린성 부작용(구강건조, 흐린 시야, 안구건조, 변비, 요정체 등)이 초래될 수 있습니다. 디아제팜, 로라제팜 등의 항불안제는 신경세포의 흥분성을 감소시켜 항불안효과를 나타내는 데 의존성이 있으므로 대개 가능한 최소량으로 치료를 시작하여 투여기간을 가능한 짧게 하고, 중단할 때는 1~2주에 걸쳐 서서히 감량하게 됩니다.

15 · 정신건강의학과 진료기록

정신건강의학과 진료이력의 취업 및 보험에의 영향 정신과 치료를 받으면 기록에 남아서 향후 취업이나 보험에 문제가 되나요?

답변 정신건강의학과 진료기록이 일반 기업체에 열람되는 경우는 없으므로 본인이 노출하지 않는 한 기록이 취업에 영향을 미치지는 않습니다. 그러나 보험에서는 정신장애 진단이 불리하게 작용될 수 있으므로 상담만 필요로 하는 경우 전문의와 Z진단코드를 상의하는 것이 좋습니다.

「의료법」제21조(질문 80 참조)에 따르면 환자의 정신건강의학과 진료기록은 환자 본인이 열람할 수 있고 본인의 동의 없이 의료인, 의료기관의 장 및 의료기관 종사자가 환자에 관한 기록 열람을 허락할 수 없습니다. 그러므로 환자 본인이 노출하지 않는 한 정신건강의학과 진료기록이 일반 기업체에 알려져 취업에 영향을 받는 일은 없습니다. 그러나 「의료법」제21조에 의해 정하고 있는 특수상황에서 예외적으로 진료기록이 국민건강보험공단, 건강보험심사평가원, 요양기관, 보건복지부, 지방자치단체, 환경관리공단, 법원, 근로복지공단, 사립학교교직원연금공단, 보훈심사위원회 등의 기관에 전달될 수 있습니다.

정신장애가 있으면 보험가입이 어렵거나, 보험에 가입했더라도 보험금을 지급받으려 하면 정신장애를 이유로 지급이 거부될 수 있습니다. 그러므로 정신건강의학과를 방문하고자 하는 데 보험이 염려된다면 환자 진단명코드를 전문의와 상의하는 것이 필요합니다.

병원에서 건강보험 청구 시 환자 진단명을 나타내는 코드는 Z코드와 F코드로 분류할 수 있습니다. Z코드(Z71.9 상담)는 면담코드로 보험 가입 시 불이익은 없으나 약물치료 처방 등은 불가능합니다. F코드는 투약 등 치료적 처방이 가능한 코드지만 보험 가입 시 불이익을 받을 수 있습니다. 그러므로 보험 가입과 간단한 상담을 원하는 경우, 상담 시에 Z코드를 요청하거나 의료보험 청구 없이 일반으로 상담처리를 요청하는 것이 필요합니다. 하지만 내담자의 상태에 따라 면담 외 투약이 필요할 수도 있으므로 정신건강의학과 전문의와 상의하여 결정하는 것이 좋습니다.

내담자의 정신건강의학과 진료기록 열람 가능자 및 방법 **내담자의 정신건강의학과 진료기록을 누가 어떻게 열람할 수 있나요?**

답변 정신과 진료기록은 「의료법」 제21조에 의거하여 환자 본인과 그 배우자, 직계 존속·비속, 형제자매, 배우자의 직계 존속, 환자의 지정 대리인 등의 개인이 환자의 동의서와 친족관계 혹은 대리권 증명서류를 첨부하여 요청하거나 관련 조항에서 규정하는 구체적 상황에 따라 기관이 요구할 수 있습니다.

관련 조항

「의료법」 제21조(기록 열람 등)

① 환자는 의료인, 의료기관의 장 및 의료기관 종사자에게 본인에 관한 기록(추가기재·수정된 경우 추가기재·수정된 기록 및 추가기재·수정 전의 원본을 모두 포함한다. 이하 같다)의 전부 또는 일부에 대하여 열람 또는 그 사본의 발급 등 내용의 확인을 요청할 수 있다. 이 경우 의료인, 의료기관의 장 및 의료기관 종사자는 정당한 사유가 없으면 이를 거부하여서는 아니 된다.

② 의료인, 의료기관의 장 및 의료기관 종사자는 환자가 아닌 다른 사람에게 환자에 관한 기록을 열람하게 하거나 그 사본을 내주는 등 내용을 확인할 수 있게 하여서는 아니 된다.

③ 제2항에도 불구하고 의료인, 의료기관의 장 및 의료기관 종사자는 다음 각 호의 어느 하나에 해당하면 그 기록을 열람하게 하거나 그 사본을 교부하는 등 그 내용을 확인할 수 있게 하여야 한다. 다만, 의사·치과의사 또는 한의사가 환자의 진료를 위하여 불가피하다고 인정한 경우에는 그러하지 아니하다.

1. 환자의 배우자, 직계 존속·비속, 형제·자매(환자의 배우자 및 직계 존

속ㆍ비속, 배우자의 직계 존속이 모두 없는 경우에 한정한다) 또는 배우자의 직
계 존속이 환자 본인의 동의서와 친족관계임을 나타내는 증명서 등을 첨부하는
등 보건복지부령으로 정하는 요건을 갖추어 요청한 경우

2. 환자가 지정하는 대리인이 환자 본인의 동의서와 대리권이 있음을 증명하는
서류를 첨부하는 등 보건복지부령으로 정하는 요건을 갖추어 요청한 경우

3. 환자가 사망하거나 의식이 없는 등 환자의 동의를 받을 수 없어 환자의 배우
자, 직계 존속ㆍ비속, 형제ㆍ자매(환자의 배우자 및 직계 존속ㆍ비속, 배우자의
직계존속이 모두 없는 경우에 한정한다) 또는 배우자의 직계 존속이 친족관계임
을 나타내는 증명서 등을 첨부하는 등 보건복지부령으로 정하는 요건을 갖추어
요청한 경우

4. 「국민건강보험법」 제14조, 제47조, 제48조 및 제63조에 따라 급여비용 심
사ㆍ지급ㆍ대상여부 확인ㆍ사후관리 및 요양급여의 적정성 평가ㆍ가감지급 등
을 위하여 국민건강보험공단 또는 건강보험심사평가원에 제공하는 경우

5. 「의료급여법」 제5조, 제11조, 제11조의3 및 제33조에 따라 의료급여 수급권
자 확인, 급여비용의 심사ㆍ지급, 사후관리 등 의료급여 업무를 위하여 보장기관
(시ㆍ군ㆍ구), 국민건강보험공단, 건강보험심사평가원에 제공하는 경우

6. 「형사소송법」 제106조, 제215조 또는 제218조에 따른 경우

6의2. 「군사법원법」 제146조, 제254조 또는 제257조에 따른 경우

7. 「민사소송법」 제347조에 따라 문서제출을 명한 경우

8. 「산업재해보상보험법」 제118조에 따라 근로복지공단이 보험급여를 받는 근
로자를 진료한 산재보험 의료기관(의사를 포함한다)에 대하여 그 근로자의 진료
에 관한 보고 또는 서류 등 제출을 요구하거나 조사하는 경우

9. 「자동차손해배상 보장법」 제12조 제2항 및 제14조에 따라 의료기관으로부터
자동차보험진료수가를 청구받은 보험회사 등이 그 의료기관에 대하여 관계 진
료기록의 열람을 청구한 경우

10. 「병역법」 제11조의2에 따라 지방병무청장이 병역판정검사와 관련하여 질병
또는 심신장애의 확인을 위하여 필요하다고 인정하여 의료기관의 장에게 병역
판정검사내담자의 진료기록ㆍ치료 관련 기록의 제출을 요구한 경우

11. 「학교안전사고 예방 및 보상에 관한 법률」 제42조에 따라 공제회가 공제급여의 지급 여부를 결정하기 위하여 필요하다고 인정하여 「국민건강보험법」 제42조에 따른 요양기관에 대하여 관계 진료기록의 열람 또는 필요한 자료의 제출을 요청하는 경우

12. 「고엽제후유의증 등 환자지원 및 단체설립에 관한 법률」 제7조 제3항에 따라 의료기관의 장이 진료기록 및 임상소견서를 보훈병원장에게 보내는 경우

13. 「의료사고 피해구제 및 의료분쟁 조정 등에 관한 법률」 제28조 제1항 또는 제3항에 따른 경우

14. 「국민연금법」 제123조에 따라 국민연금공단이 부양가족연금, 장애연금 및 유족연금 급여의 지급심사와 관련하여 가입자 또는 가입자였던 사람을 진료한 의료기관에 해당 진료에 관한 사항의 열람 또는 사본 교부를 요청하는 경우

14의2. 다음 각 목의 어느 하나에 따라 공무원 또는 공무원이었던 사람을 진료한 의료기관에 해당 진료에 관한 사항의 열람 또는 사본 교부를 요청하는 경우

　　가. 「공무원연금법」 제92조에 따라 인사혁신처장이 퇴직유족급여 및 비공무상장해급여와 관련하여 요청하는 경우

　　나. 「공무원연금법」 제93조에 따라 공무원연금공단이 퇴직유족급여 및 비공무상장해급여와 관련하여 요청하는 경우

　　다. 「공무원 재해보상법」 제57조 및 제58조에 따라 인사혁신처장(같은 법 제61조에 따라 업무를 위탁받은 자를 포함한다)이 요양급여, 재활급여, 장해급여, 간병급여 및 재해유족급여와 관련하여 요청하는 경우

14의3. 「사립학교교직원 연금법」 제19조 제4항 제4호의2에 따라 사립학교교직원연금공단이 요양급여, 장해급여 및 재해유족급여의 지급심사와 관련하여 교직원 또는 교직원이었던 자를 진료한 의료기관에 해당 진료에 관한 사항의 열람 또는 사본 교부를 요청하는 경우

15. 「장애인복지법」 제32조 제7항에 따라 대통령령으로 정하는 공공기관의 장이 장애 정도에 관한 심사와 관련하여 장애인 등록을 신청한 사람 및 장애인으로 등록한 사람을 진료한 의료기관에 해당 진료에 관한 사항의 열람 또는 사본 교부를 요청하는 경우

16. 「감염병의 예방 및 관리에 관한 법률」 제18조의4 및 제29조에 따라 질병관리청장, 시·도지사 또는 시장·군수·구청장이 감염병의 역학조사 및 예방접종에 관한 역학조사를 위하여 필요하다고 인정하여 의료기관의 장에게 감염병환자 등의 진료기록 및 예방접종을 받은 사람의 예방접종 후 이상반응에 관한 진료기록의 제출을 요청하는 경우

17. 「국가유공자 등 예우 및 지원에 관한 법률」 제74조의8 제1항 제7호에 따라 보훈심사위원회가 보훈심사와 관련하여 보훈심사내담자를 진료한 의료기관에 해당 진료에 관한 사항의 열람 또는 사본 교부를 요청하는 경우

18. 「한국보훈복지의료공단법」 제24조의2에 따라 한국보훈복지의료공단이 같은 법 제6조제1호에 따른 국가유공자 등에 대한 진료기록 등의 제공을 요청하는 경우

④ 진료기록을 보관하고 있는 의료기관이나 진료기록이 이관된 보건소에 근무하는 의사·치과의사 또는 한의사는 자신이 직접 진료하지 아니한 환자의 과거 진료 내용의 확인 요청을 받은 경우에는 진료기록을 근거로 하여 사실을 확인하여 줄 수 있다.

⑤ 제1항, 제3항 또는 제4항의 경우 의료인, 의료기관의 장 및 의료기관 종사자는 「전자서명법」에 따른 전자서명이 기재된 전자문서를 제공하는 방법으로 환자 또는 환자가 아닌 다른 사람에게 기록의 내용을 확인하게 할 수 있다.

질문 81 ┃ 병식을 갖게 하기 위한 정신건강의학과 진료기록 확인 편집

중적 사고, 분노폭발, 우울과 자해를 보이고 있는 내

담자가 자신의 병명을 단순 우울로 알고 있다고 합니다. 내담

자가 병식을 갖도록 본인의 진료기록을 확인하는 것이 도움

이 될까요?

답변 ┃ 불안정한 내담자의 증상을 고려할 때, 본인의 진료기록을 확인하

는 것이 내담자에게 유익할 것이라는 보장을 하기 어렵습니다. 그

러므로 현재 자신의 생활을 중심으로 어려운 점과 원인을 성찰하는 과정에서

병식을 갖도록 돕는 것이 좋겠습니다.

병식은 내담자의 치료와 재활에 중요한 요인이 됩니다. 정신질

환을 가진 분들이 병식을 가지고 있지 않아 치료를 거부하거나 순

응하지 못하는 모습을 많이 보게 됩니다. 실제로 상담을 해 보면 대

부분의 경우, 정신질환자분들이 자신의 질병상태에 대해 알고 수

용하는 데는 시간과 과정이 필요합니다. 내담자가 자신의 삶에 불

편함이나 어려움, 고통은 없는지, 그 문제의 원인은 무엇인지, 시간

이 경과되면서 문제의 변화가 있는지, 변화 전후를 스스로 생각해

보고 긍정적 변화와 발전이 있었다면 무엇이 그런 변화와 발전에

도움이 되었다고 생각하는지, 치료적 조언과 도움을 스스로 이행

할 수 있는지 등을 스스로 성찰하고 답을 구해 가는 과정에서 진정

한 병식을 갖게 됩니다.

그렇게 볼 때 진료기록을 확인하도록 하는 것도 하나의 방법이

겠지만, 그보다는 현재 자신이 생각하는 자신의 문제와 그 변화과
정 등을 함께 검토하면서 자신의 문제와 그 원인, 효과적인 치료 등
에 대한 병식을 스스로 알아가도록 돕는 것이 좋겠습니다.

질문 82 조현병 내담자의 상담기록 요청에 대한 대처　편집증세로 조현병 진단을 받고 치료 중인 내담자의 증상이 심해져서 병원 상담사에게 자신의 모든 상담기록을 내어놓으라고 할 때 어떻게 해야 할까요?

답변　「의료법」상 환자가 자신의 상담기록을 강력히 요청하는 경우 정당한 사유 없이는 이를 거부할 수 없습니다. 그러나 편집증적 증상으로 자신의 상담기록 열람을 요청하고 있다면 그 요청 저변의 내담자의 감정과 욕구를 파악하여 접근하는 것이 필요합니다.

「의료법」 21조에서 환자는 의료인, 의료기관의 장 및 의료기관 종사자에게 본인에 관한 기록의 전부 또는 일부에 대하여 열람 또는 그 사본의 발급 등 내용의 확인을 요청할 수 있고, 이 경우 의료인, 의료기관의 장 및 의료기관 종사자는 정당한 사유가 없으면 이를 거부하여서는 아니 된다고 명시하고 있어 「의료법」상으로는 환자가 병원에서 받은 자신의 상담기록을 강력히 요청하는 경우 이를 거부할 수 없습니다.

그러나 질병의 증상으로 인해 환자가 상담기록 열람을 요청하고 있다면 상담기록 요청 저변에 깔린 내담자의 감정이나 욕구가 무엇인지 파악하여 접근하는 것이 필요합니다. 먼저 부드럽고 수용적인 대화를 통해 자신의 상담기록은 언제든 열람될 수 있음을 알려 내담자를 진정시키는 한편, 상담기록을 통해 내담자가 얻고자 하는 것이 무엇인지 분명하게 질문하여 확인하는 것이 필요합니다. 내담자가 특정 사실 확인을 원하는 경우, 그것이 내담자의 치료에 문제가 되거나 무리가 되는 것이 아니라면 사실에 대한 설명을 제공하고, 그럼에도 지속적인 상담기록 요청이 있다면 이에 응하되 그 과정에 내담자와 반목하지 않도록 주의해야 합니다. 또한 상담기록을 확인한 후 "궁금한 것이 있다면 언제든 알려 달라." 등의 말로 신뢰 관계를 유지하기 위한 노력을 지속해야 합니다.

　그리고 만일 상담기록의 내용 확인보다는 궁극적으로 감정이나 관계 등의 다른 요구로 인한 요청으로 판단된다면 열람을 요청하는 내담자의 태도나 말투를 통해 전달되는 내담자의 감정을 반영하여 수용해 주고, 상담기록 및 상담기록 열람 요청이 내담자에게 어떤 의미인지, 내담자 본인에게 어떤 필요가 있는지 질문하고 적극 경청하여 내담자의 욕구 탐색과정을 통해 내담자가 자신이 원하는 것이 무엇인지 인식하고, 이를 충족 또는 해결할 수 있는 합리적이고 적절한 방법으로 돕는 것이 좋습니다.

● 참고문헌 ●

국립정신건강센터(2021). 정신질환자 치료비 지원사업 안내.

김성일, 김채연, 성영신(2013). 뇌로 통하다. 경기: 21세기북스.

김희숙, 강문희, 김미자, 김영숙, 김판희 외(2019). 최신 정신건강간호학 각론
    (5판). 서울: 학지사메디컬.

대한신경정신의학회(2017). 신경정신의학 3판. 서울: 아이엠이즈컴퍼니.

박한선, 최정원(2016). 토닥토닥 정신과 사용설명서. 경기: 에이도스출판사.

보건복지부(2017). 2016년도 정신질환실태 조사.

American Psychiatric Association (2013). *Diagnostic and statistical
    manual of mental disorders* (5th. Ed.). Washington, DC: APA.

Mash, E. J., Barkley, R. A. (2017). 아동청소년 정신병리학 3판(김혜리, 박
    민, 박영신, 정영숙, 정현희, 하은혜 역). 서울: 시그마프레스. (원전은
    2014년 출판).

찾아
보기

저자 소개

김윤희(Kim YunHee)
서울대학교 대학원에서 임상·상담심리학 전공으로 박사학위를 취득하였
고 현재 신라대학교 교육학과 교수로 재직 중이다. 세브란스병원에서 임상
심리수련을 마쳤으며, 부산시장직속 아동복지심의위원회, 부산광역시 아
동보호종합센터 사례판정위원회, 부산시 통합사례관리수퍼바이저 등 다
수의 아동복지 공공영역 위원회에서 위원으로 활동하고 있다. 주요 관심
분야는 ADHD에 대한 학교기반중재, 아동학대 행위자에 대한 행동적 부모
훈련, 학교폭력, 비행, 소년범죄에 대한 다중체계치료에 대한 연구와 치료
이다. 자격증으로는 임상심리전문가, 상담심리사 1급, 정신보건임상심리
사가 있다. 역서로『정신분석적 사례이해』(공역, 학지사, 2005),『합리적
정서행동치료』(공역, 학지사, 2007),『아동·청소년을 위한 반사회적 행동
의 다중체계치료』(공역, 학지사, 2020)가 있다.

곽윤경(Kwag YounKyoung)
연세대학교 대학원에서 정신간호학 전공으로 석사 및 박사 학위를 취득하
였고 현재 신라대학교 간호학과 교수로 재직 중이다. 세브란스병원에서 정
신보건간호사 수련을 마쳤으며, 주의력결핍과잉행동장애 아동의 증상수
준에 따른 약물치료이행 관련 요인, 대학생 대인관계능력 및 인성특성 관
련 논문이 다수 있다. 주요 관심 분야는 아동 및 청소년 정신건강과 가족
간호, 지역사회 정신재활 등이다. 자격증으로는 정신전문간호사, 정신보건
전문요원 1급, 상담전문가 2급 등이 있다. 저서로『인간관계와 의사소통』
(공저, 의학서원, 2017),『최신 정신건강간호학 개론』(5판, 공저, 학지사메
디컬, 2019) 등이 있으며, 역서로『정신건강간호학』(공역, 수문사, 2016)
등이 있다.

공영숙(Kong YoungSook)

미국 오하이오 주립대학교에서 사회복지학 석사학위를 취득하였고 1992
년도부터 부산광역시 사회복지공무원(사회복지사 1급)으로 재직 중이다.
현재 대통령직속 저출산고령사회위원회에 파견되어 있으며, 아동기본권
의 보편적 보장 및 아동·청소년의 보호안전망 강화 등을 비롯한 아동권리
향상을 위해 노력하고 있다. 한국보건복지인력개발원에서 아동보호체계
개편과 관련하여 자문과 강의에 지속적으로 참여하였고, 부산광역시 아동
보호종합센터의 아동보호 팀장으로 재직하면서 다양한 아동학대 사례 및
현장에서 활약한 경험이 있다. 역서로『아동·청소년을 위한 반사회적 행
동의 다중체계치료』(공역, 학지사, 2020)가 있다.

서수균(Seo SuGyun)

서울대학교 대학원에서 임상심리학 전공으로 박사학위를 취득하였고 부
산대학교 심리학과 교수로 재직 중이다. 서울대학교 임상심리 수련과정을
마쳤으며, 분노조절과 공격성에 대한 다수의 논문이 있으며 현재 다중체
계치료와 아동학대 가정치료에 관심을 가지고 연구하고 있다. 자격증으로
는 임상심리전문가, 정신보건임상심리사 1급, 상담심리전문가가 있다. 저
서로『분노와 관련된 인지적요인과 그 치료적 함의』(한국학술정보, 2005),
『불면증: 잠 못 이루는 밤의 불청객』(학지사, 2016) 등이 있으며, 역서로
『합리적 정서행동치료』(공역, 학지사, 2007),『조금 다른 내 아이 특별하게
키우기』(공역, 학지사, 2009) 등이 있다.

홍재봉(Hong JaeBong)
신라대학교 교육대학원에서 상담심리학 전공으로 석사학위를 취득하였고 현재 부산동래경찰서 수사과 경제범죄수사팀의 수사 경찰관으로 재직 중이다. 이전에는 부산사하경찰서 지능범죄수사팀, 부산동래경찰서 강력범죄수사팀, 부산경찰청 국제범죄수사대에 있었으며, 직전에는 여성청소년계에서 수사 및 학교전담경찰관으로 근무하였다. 경찰관으로 활동하면서 부산가정법원 소년위탁보호위원으로 2년간 활동하였으며, 범죄심리사로 활동하면서 소년범들의 심리 상담 및 검사를 진행하였다. 또한 아동보호시설 인권보호위원으로 활동을 하였으며 상담심리지도사 1급, 범죄심리사 2급 자격증을 가지고 있다. 논문으로「학교폭력 가해자에 대한 다중체계치료 적용 사례연구」(단독, 신라대학교, 2020)가 있다.

82가지 질문으로 배우는
상담 법령 이야기
Legal Stories Related to Counseling that You Learn
with 82 Questions

2022년   1월   20일   1판   1쇄   발행
2023년   1월   20일   1판   2쇄   발행

지은이 • 김윤희 · 곽윤경 · 공영숙 · 서수균 · 홍재봉
펴낸이 • 김진환
펴낸곳 • ㈜**학지사**

　　　　　04031 서울특별시 마포구 양화로 15길 20 마인드월드빌딩
대표전화 • 02-330-5114　　팩스 • 02-324-2345
등록번호 • 제313-2006-000265호

홈페이지 • http://www.hakjisa.co.kr
페이스북 • https://www.facebook.com/hakjisabook

ISBN 978-89-997-2542-5 93180

정가 15,000원

출판미디어기업 **학지사**

간호보건의학출판 **학지사메디컬** www.hakjisamd.co.kr
심리검사연구소 **인싸이트** www.inpsyt.co.kr
학술논문서비스 **뉴논문** www.newnonmun.com
교육연수원 **카운피아** www.counpia.com